DIE KÜCHE DER KANARISCHEN INSELN

EINE VERZAUBERTE ENTDECKUNGSREISE: DIE KÖSTLICHKEITEN DER SIEBEN PERLEN

BONECHI

Erklärung der Tabelle

SCHWIERIGKEITSGRAD	GESCHMACKSRICHTUNG	NÄHRWERT
● einfach	● mild	● niedrig
●● niedrig	●● würzig	●● mittel
●●● schwierig	●●● sehr kräftig	●●● hoch

Verlagsprojekt: Casa Editrice Bonechi
Verlagsdirektor: Alberto Andreini
Konzept und Texte: Paolo Piazzesi
Grafischer Entwurf: Andrea Agnorelli *und* Maria Rosanna Malagrinò
Video-Umbruch: Maria Rosanna Malagrinò
Video-Umbruch für die deutsche Ausgabe: Studio Grafico Vanni Berti
Redaktion: Maria Fiore Batini

Übersetzung: Barbara Gökgöl

In der Küche: Lisa Mugnai
Diätfachmann: Dr. John Luke Hili

Die Fotos der einzelnen Gerichte sind Eigentum des Verlagsarchivs der Casa Editrice Bonechi *und wurden von* Andrea Fantauzzo *erstellt.*

Die Landschaftsaufnahmen sind Eigentum des Verlagsarchivs der Casa Editrice Bonechi *und wurden von* Marco Bonechi, Serena de Leonardis *und* Paolo Giambone *erstellt.*

Für nicht ausgewiesene Fotos dankt der Verleger im vorhinein für eventuelle Hinweise, die dann bei Neuauflagen übernommen werden.

E-mail: bonechi@bonechi.it Internet: www.bonechi.it www.bonechi.com

Druck in Italien: Centro Stampa Editoriale Bonechi.

ISBN 978-88-476-0950-1

***

ZU TISCH IM PARADIES

Ein Teil Europas inmitten des Atlantischen Ozeans, auf dem Breitengrad der Sahara - ein Teil Afrikas (oder vielleicht von Atlantis?) in Europa. Das Wesen der Kanarischen Inseln ist ein Konglomerat aus vielen Identitäten und unzähligen Facetten, in dem sich die geographische Lage, die Großzügigkeit der Natur im Zusammenklang mit menschlichem Einwirken, die jahrhundertelange Rolle der Inseln als Knotenpunkt zwischen Alter und Neuer Welt - bis hin zu ihrer Verwandlung in ein Touristenparadies - eng miteinander vermischt haben. All diese Einflüsse mussten sich auch in der kanarischen Gastronomie niederschlagen. Sie ist im weitesten Sinne vielfältig und in der Lage, die Eigenheiten der Halbinsel Spanien mit exotischen Ingredienzien, Gerichte tropischen Ursprungs mit kulinarischen Techniken und Zutaten der gemäßigten Zone zu verquicken. Denn sie hat Einflüsse der lusitanischen, der lateinamerikanischen Küche und all derjenigen, die mit den "Inseln des Glücks" seit der Antike in Kontakt gekommen waren, in sich aufgenommen, ohne je ihre eigene Besonderheit zu verlieren. Die kanarische Küche, wenn auch offen für jeweden äußeren Einfluss, ist vor allem von der Erde und den Menschen des Archipels geprägt. Sie spiegelt deren Neigung zur Genügsamkeit wider, die Vorliebe für anspruchslose Natürlichkeit, die sich in Originalität, im Kult der Bräuche äußern, aus denen die Fähigkeit geboren wird, gängige Zutaten in erstaunlich wohlschmeckende und selbst erlesene Gerichte zu verwandeln. Die Zubereitung mag oft etwas mühselig sein, sie ist jedoch ausgesprochen schlicht und von großer Besonderheit. Dies führt manchmal sogar zu Namensänderungen: z.B. nennt man die Kartoffeln hier *papas*, während sie im Spanischen *patatas* heißen, und den Mais nennt man *millo*, gegenüber dem spanischen *maíz*. El Hierro, La Palma, La Gomera, Teneriffa, Gran Canaria, Fuerteventura und Lanzarote: Eine kostbare Kette vulkanischer Perlen ziert den Ozean direkt oberhalb des Wendekreises des Krebses, westlich von Marokko, wo sich die Winde Afrikas und des Atlantiks zu einem wundervollen Klima vermischen. Ein magischer Ort, als der er bereits zur Zeit der phönizischen und karthagischen Seefahrer bekannt war. Doch hat erst die unermüdliche Einwirkung des Menschen - angefangen mit der Urbevölkerung, den *Guanchen* - die Inseln in die üppigen Gärten verwandelt, die uns heute verzaubern. Hier liegt die wegen der Vielfalt ihrer klimatischen Zonen "der kleine Kontinent" genannte Insel Gran Canaria, grüner mediterraner Garten mit exotischen Früchten. Hier befinden sich die fruchtbaren Inseln der Superlative: Teneriffa mit dem höchsten Berg des Spanischen Königreichs, dem 3716 m hohen Pico de Teide; La Palma mit dem tiefsten Einsturz- oder Senkkessel Caldera de Taburiente, dem mit seinen fast 2500 m größten noch aktiven vulkanischen Krater überhaupt. Diese Insel, berühmt auch für die vortrefflichen Malvasiatrauben, ist zudem bedeutendster Obst- und Gemüselieferant der Kanaren. Des Weiteren liegt hier die heiße, dünenübersäte Insel Fuerteventura. Das hügelige Lanzarote, dessen Namen an jenen des Marocello Lanzarotto erinnert, der den Archipel nach Jahrhunderten der Finsternis im 13. Jh. 'wiederentdeckte'. Das schroffe La Gomera und das wilde El Hierro, Paradiese für denjenigen, der die vollkommene Einsamkeit sucht und wo der Mensch

Detail der Kathedrale Santa Ana und Teilansicht des Kolumbushauses in Las Palmas. Oben, das Dorf San Felipe

die naturgegebenen Widrigkeiten überwunden hat, um vortreffliche Weine anzubauen.

Im vorliegenden Band sind besondere Rezepte der Sieben Perlen der Kanarischen Inseln zusammengestellt, Spezialitäten einer unverfälschten Tradition. Wie Besucher wohl wissen, sind die Touristenmenüs eine Sache, die lokale Küche hingegen oft eine ganz andere (wenngleich hier Sitten und Gebräuche höher geachtet werden als anderenorts). Wir wollen dem Leser mit dieser Sammlung helfen, die über Jahrhunderte von einer Generation zur nächsten überlieferten originalen Rezepte für köstliche Gerichte dieses Archipels zu entdecken. Sie bereiten dem Gaumen willkommene Überraschungen, die zu angenehmen Erinnerungen an einen zauberhaften Aufenthalt werden (oder warum nicht zur Anregung für einen zukünftigen Besuch?). Es ist eine appetitanregende, ländliche und gesunde Küche auf der Basis natürlicher Ingredienzien, trotz ihrer Würzigkeit gut bekömmlich, denn nur selten finden schwer verdauliche Zutaten Anwendung (es sei jedoch darauf hingewiesen, dass vom Knoblauch reichlich Gebrauch gemacht wird: Was diesen betrifft, so wird hier nicht gescherzt!). Die Zubereitung der Speisen ist zwar einfach, doch bringt ein Mahl dennoch volle Befriedigung. Wir werden Appetithappen mit aromatischen Saucen (den berühmten *mojos*) kosten; hervorragende Suppen und Eintöpfe aus schmackhaftem Gemüse und zarten Kräutern (wie z.B. den *potaje de berros*, einen Kresseeintopf; den *puchero*, eine Fleisch-Gemüsesuppe; den *rancho*, einen Fleischtopf mit Hülsenfrüchten und Nudeln). Wir werden leichte und würzige Fleischgerichte vorstellen sowie köstliche, aufgrund des fangfrischen Fischs ganz besonders erlesene Fischgerichte (z.B. *sancocho*, Fisch mit Kartoffeln und Sauce). Auch Rezepte aus Eiern mit Gemüse werden wir kennen lernen (unvergleichlich die *papas arrugadas*, Runzelkartoffeln). Schließlich Süßspeisen, die trotz ihrer Einfachheit so unwiderstehlich sind (wie z.B. *bienme-sabe*, eine Kokoscreme). An gesonderter Stelle sind auch typische Erzeugnisse der Inseln beschrieben: *papas* (Kartoffeln) und *plátanos* (kanarische Bananen); der universelle und vielseitige, so gesunde und bekömmliche *gofio* (Mehl aus geröstetem Getreide); edler und auch gängigerer Fisch; delikate Käsesorten, von denen zwei mit dem Gütesiegel einer Ursprungsbezeichnung ausgezeichnet sind; und schließlich Obst, Weine und Liköre.

Ausflug in die berühmten Dünen von Maspalomas. Oben, die handwerkliche Herstellung von Terrakottagefäßen

HINWEISE

Für die meisten unserer Rezepte, vor allem, wenn ihre Zubereitung besondere Aufmerksamkeit erfordert, sind die Arbeitsschritte zum besseren Verständnis durch Fotos belegt. Wir empfehlen Ihnen, die Liste der Zutaten aufmerksam durchzugehen (es sind sowohl Vorbereitungs- und Kochzeiten, Schwierigkeitsgrad und Geschmacksrichtung sowie einige Inhaltsstoffe der Gerichte vermerkt). Auch das Rezept selbst sollte vor Beginn der Zubereitung erst einmal sorgfältig in allen Einzelheiten durchgelesen werden. Und nun: Guten Appetit!

ANMERKUNGEN DES DIÄTETIKERS

Die Kanaren sind "Inseln des Glücks" nicht nur dem Namen nach, sondern sie verdienen diese Bezeichnung tatsächlich, und zwar vor allem bei Tisch: Nicht allein aufgrund des Wohlgeschmacks ihrer Speisen, sondern auch - und ganz besonders - wegen der Wahl gesunder Zutaten wie Getreide und Hülsenfrüchte, die für den täglichen Energiebedarf aufkommen, und reichliche Mengen von Gemüse, das die so wünschenswerten pflanzlichen Fasern enthält. Hinzu kommt die Vielfalt an Fisch, sowohl aus dem Atlantik als auch aus dem Mittelmeer, der mit seinem hohen Anteil an mehrfach ungesättigten Fettsäuren den Kreislauf günstig beeinflussen kann. Von großer Bedeutung sind auch der fast ausschließliche Gebrauch von Olivenöl Extra Vergine, der äußerst sparsame Einsatz von Butter, Schmalz und Speck, das Angebot an Eintopfgerichten aus Hülsenfrüchten und schließlich die vorrangige Verwendung von - ebenso wie der Fisch - besonders gesundem weißem Fleisch (z.B. Zicklein oder Geflügel). Die hiesige Kost ist demnach entschieden mediterran, denn wenn diese Inseln auch auf anderen Breitengraden angesiedelt sind, entspricht die Esskultur mit den oben beschriebenen Merkmalen doch derjenigen der Länder um das Mittelmeer. Viele Rezepte weisen einen niedrigen Kalorienwert auf, mit geringen Anteilen an tierischem Fett (zuweilen sogar ganz ohne Fettzusatz). Eine nicht nur rühmenswerte, sondern auch nachahmenswerte Kochkultur.

Straßenverkauf von frischem Fisch in Puerto de las Nieves auf Gran Canaria - und die köstlichen kanarischen Bananen ('plátanos')

Verzeichnis der Rezepte

VAMOS A EMPEZAR...

Unsere gastronomische Entdeckungsreise über die Inseln beginnt mit einigen Appetitanregern, ideal geeignet für die Einstimmung des Gaumens auf die Spezialitäten der kanarischen Küche. Als Auftakt wollen wir - neben den zahlreichen Fischarten, die die Wasser des Archipels bevölkern - die mojos *kennen lernen, d.h. die allgegenwärtigen pikanten, aromatischen kalten Saucen. Genau gesagt waren die* mojos *ursprünglich nicht dafür gedacht, zum Aperitif oder als Vorspeise gereicht zu werden - dieses Konzept liegt der traditionellen Speisenfolge der Inseln eigentlich fern -, sondern sie sollten den Geschmack der einzelnen Gänge durch den Duft der verwendeten Kräuter sowie milder und scharfer Gewürze unterstreichen. Aber dennoch: Wenn man sich heute zu einem Mahl setzt, wird man die* mojos *zweifellos sehr angenehm und anregend finden. Eine ganz besondere Stellung nehmen auch die* papas *ein, d.h. die bei keinem Gericht fehlenden Kartoffeln... Doch Schluss nun mit Worten, der Appetit ist geweckt! Es sei nur noch darauf hingewiesen, dass in den Rezepten dieses Abschnitts die Mengen der Zutaten nach ihrer Bestimmung als Vorspeisen, d.h.* tapas *(Appetitanreger), dosiert sind.*

1

ALBÓNDIGAS DE PAPAS

Kartoffelklößchen ▶

1 Die *papas* waschen und mit kochendem, leicht gesalzenem Wasser bedeckt garen. Nach etwa 15 Minuten abgießen, noch warm pellen und durch ein Passiergerät geben. Den Brei in einer Schüssel mit einem verquirlten Ei, dem geschälten und fein gehackten Knoblauch und einer Handvoll gehackter Petersilie vermengen. Mit Salz abschmecken und etwa 20 Minuten ruhen lassen.

2 Den Brei teelöffelweise mit den Handflächen zu Klößchen formen, diese dann in einer Schüssel mit den beiden anderen verquirlten Eiern unter zeitweiligem Umwenden 10 Minuten lang ziehen lassen. Dann die Klößchen in siedendem Öl schwimmend ausbacken; wenn sie goldgelb sind, einzeln herausheben und auf Küchenpapier entfetten. Mit Zitronenschnitzen und frischer Petersilie garnieren. Falls erwünscht, kann dazu ein grüner *mojo* auf Petersilienbasis (s.S. 14) gereicht werden.

Und damit haben wir die Bekanntschaft mit einem weiteren essenziellen Bestandteil der kanarischen Küche gemacht: Nämlich der Kartoffel,* papa *genannt, von der auf diesen Inseln eine große Sortenvielfalt angebaut wird. Zu jeder Sorte, unter denen die* negra *allgemein als die Beste angesehen wird, gehört eine andere Zubereitungsart. Neben den* papas*, die sich mit dem Mais den Rang des wichtigsten Bestandteils der Küche des Archipels streitig machen, gehört zum kanarischen Menü häufig auch die Süßkartoffel oder* batata *(s.S. 82).

CROQUETAS DE CHERNE

Fischkroketten

400 g Filet vom *cherne* (Großer Zackenbarsch, s.S. 50)
1 Zwiebel
2 Eier
200 ml Milch (ca.)
30 g Mehl
40 g Semmelbrösel
1 1/2 Zitronen (auch zum Garnieren)
Muskatnuss
Petersilie (auch zum Garnieren)
Salz
30 g Butter
Frittieröl
Olivenöl

Portionen: 6-8
Vorbereitungszeit: 35'
Kochzeit: 30'
Schwierigkeitsgrad: ●●
Geschmacksrichtung: ●●●
Kalorien (pro Portion): 476
Proteine (pro Portion): 17
Lipide (pro Portion): 38
Nährwert: ●●●

Die Fischfilets (es kann auch Zackenbarsch oder Seehecht verwendet werden) in reichlich kochendem, leicht gesalzenem Wasser sieden. Nach 8 Minuten herausnehmen, trockentupfen und im Mixer pürieren. Die Zwiebel schälen, sehr fein würfeln und in einer Pfanne mit 2 EL Öl langsam anschwitzen. Nach 5 Minuten die Pfanne vom Feuer nehmen, das Fischpüree, den Saft der halben Zitrone, etwas fein gehackte Petersilie, eine Prise Salz und eine Prise gemahlene Muskatnuss dazugeben und alles vorsichtig durchmischen. Die Butter in einer kleinen Kasserolle zerlaufen lassen, anschließend über niedrigem bis mittelstarkem Feuer das Mehl unter ständigem Rühren nach und nach zufügen (es dürfen sich keine Klümpchen bilden). Dann die lauwarme Milch unter Rühren langsam untermischen, mit Salz abschmecken und unter ständigem Rühren weiterkochen lassen, bis eine cremige Béchamelsauce entstanden ist. Vom Feuer nehmen, etwas abkühlen lassen und dann mit der obigen Fischmasse vermengen. Das Gemisch völlig auskühlen lassen und nun esslöffelweise zu länglichen Kroketten formen. Im verquirlten Ei wenden und einige Minuten darin liegen lassen, dann in Semmelbröseln (oder wahlweise auch in *gofio*, s.S. 15) wenden und schließlich in siedendem Öl schwimmend ausbacken. Wenn die Kroketten goldgelb sind, mit einem Schaumlöffel aus dem Fett heben, abtropfen lassen und auf Küchenpapier entfetten. Mit Zitronenschnitzen und Petersilie garniert servieren.

- 500 g *papas* (Kartoffeln, mittelgroß bis klein)
- 3 Eier
- 2 Knoblauchzehen
- Petersilie (auch zum Garnieren)
- 1 Zitrone (zum Garnieren)
- Salz
- Frittieröl

Portionen: 6-8
Vorbereitungszeit: 25'+30'
Kochzeit: 35'
Schwierigkeitsgrad: ●●
Geschmacksrichtung: ●●
Kalorien (pro Portion): 304
Proteine (pro Portion): 7
Lipide (pro Portion): 25
Nährwert: ●●●

1

2

1

2

Churros de pescada

◀Gebackene Fischstreifen

500 g Filets vom *merluzo* (Seehecht - Alternative: Zackenbarsch, Zahnbrasse oder anderer hochwertiger Weißfisch)
1 Ei
400 ml Milch (ca.)
60 g Mehl
1 Zitrone und Petersilie (zum Garnieren)
Salz
Olivenöl
Frittieröl

Für den mojo:
2-3 Knoblauchknollen
5 g Zucker
Kreuzkümmel
Korianderkraut (ein Sträusschen)
Weißweinessig
Grobes Salz
Olivenöl

Portionen:	6-8
Vorbereitungszeit:	20'+1h
Kochzeit:	20'
Schwierigkeitsgrad:	●●
Geschmacksrichtung:	●●●
Kalorien (pro Portion):	454
Proteine (pro Portion):	16
Lipide (pro Portion):	37
Nährwert:	●●●

1 Die Fischfilets in eine Terrine legen, mit Milch bedecken und eine Stunde ziehen lassen. In der Zwischenzeit den süßsauren *mojo* zubereiten: Die geschälten Knoblauchzehen, das Korianderkraut, eine Messerspitze Kreuzkümmel und eine Prise Salz im Mörser zerstoßen (oder im Mixer pürieren). Die erhaltene Paste in einem Schüsselchen mit dem Zucker, einem EL Essig, 1/2 Becher Öl und genügend Wasser vermengen, bis eine relativ flüssige Sauce entstanden ist, die dann während der Zubereitung der *churros* durchziehen kann.

2 In einer Schüssel das Mehl mit dem verquirlten Ei, 4 EL Olivenöl, einer Prise Salz und mit genügend Wasser zu einem glatten Teig verrühren. Die Fischfilets aus dem Milchbad nehmen, abtropfen lassen und in schmale Streifen schneiden, die dann in den Teig getaucht werden. Der Teig muss so fest sein, dass der Teigmantel um den Fisch relativ dick wird. Die Fischstreifen dann in siedendem Öl schwimmend ausbacken. Die einzelnen Streifen mit dem Schaumlöffel aus dem Fett heben, sobald sie goldgelb sind. Auf Küchenpapier entfetten, leicht salzen und mit Zitronenscheiben und frischer Petersilie garniert zusammen mit dem *mojo* servieren, in den sie eingedippt werden.

Gueldes al horno

Gebackene Ährenfischchen

500 g *gueldes* (Ährenfischchen, s.S. 50)
3 Knoblauchzehen
1 frische grüne (mittelscharfe) Chilischote
1 Zitrone
Rotweinessig
Salz
Olivenöl

Portionen:	6
Vorbereitungszeit:	20'
Kochzeit:	20'
Schwierigkeitsgrad:	●●
Geschmacksrichtung:	●●●
Kalorien (pro Portion):	161
Proteine (pro Portion):	15
Lipide (pro Portion):	10
Nährwert:	●●

Die Zitrone auspressen; den Ofen auf 200° C vorheizen. Die bereits ausgenommenen, gewaschenen und trockengetupften Fischchen (sie sollten nicht länger als 10 cm sein) in eine mit Öl ausgeschwenkte feuerfeste Schüssel dicht neben-, jedoch nicht übereinander legen. Mit Zitronensaft beträufeln, leicht salzen und die Fischchen mit Aluminiumfolie abgedeckt knapp 20 Minuten im Ofen braten. Rechtzeitig vor Ende der Garzeit 1/2 Becher Öl in einer Pfanne erhitzen und den geschälten und in dünne Scheibchen geschnittenen Knoblauch und die entkernte, sehr fein gehackte Chilischote darin goldbraun werden lassen. Mit 2 EL Essig ablöschen, gut umrühren und über die aus dem Ofen genommenen und von der Aluminiumfolie befreiten Fischchen träufeln. Die *gueldes* schmecken sehr gut heiss, sind aber auch kalt vorzüglich. Wenn man keine Ährenfischchen finden kann, können sie auch durch kleine Meereshechte, Hochsee-Meeräschen oder andere kleine Weißfische ersetzt werden.

Enyesques y mojos

Appetithappen mit verschiedenen Saucen

Für den mojo de queso:
70 g *queso de Flor curado* (s.S. 78)
1 Knoblauchknolle
Pimentón fuerte (s. unten)
Kreuzkümmel und Salz
Streifen von geröstetem Brot oder frittiertem *gofio* (s.S. 15), als Beilage

Für den mojo de tomates asados:
2 reife Tomaten
1 Knoblauchknolle
Koriandersamen und Kreuzkümmel
Essig
Salz
100 g Garnelenschwänze (als Beilage)
4-5 *papas arrugadas* (s.S. 75, als Beilage)

Für den mojo picón:
2 Knoblauchknollen
4 frische rote (scharfe) Chilischoten
Pimentón fuerte (s. unten)
Kreuzkümmel
1/2 gegrillte Hühnerbrust (als Beilage)
Salz
Essig

Oliven (in Salzlake oder Öl eingelegt), verschiedene Gemüse und *queso tierno de San Mateo* (s.S. 78), als Beilage
Grobes Salz
Olivenöl

Portionen: 8
Vorbereitungszeit: 35'
Kochzeit: 10'
Schwierigkeitsgrad: ●●
Geschmacksrichtung: ●●●
Kalorien (pro Portion): 131
Proteine (pro Portion): 11
Lipide (pro Portion): 10
Nährwert: ●●

Für den *mojo de queso* (Käsesauce) den zerkleinerten Käse (alternativ kann auch gereifter *asiago* - ein norditalienischer, milder Hartkäse - oder dergleichen verwendet werden) zusammen mit den geschälten Knoblauchzehen, einer Messerspitze Kreuzkümmel und einer Prise Salz im Mörser zerstoßen (oder im Mixer pürieren). Nun einen TL *pimentón*, 4 EL Olivenöl und Wasser unter die Paste rühren, bis eine relativ dickflüssige Sauce entstanden ist, in die man Streifen von geröstetem Brot, Fladen oder frittiertem *gofio* (s.S. 15; auch durch frittierte Polenta ersetzbar) eindippt. Dieser *mojo* ist auch als Würze für Gemüsesuppen ideal geeignet.

Für den *mojo de tomates asados* (Sauce aus gegrillten Tomaten) die Tomaten waschen, Stielansätze entfernen und 7 Minuten im Ofen (oder auch über Holzkohlenfeuer) grillen. Die gegrillten Tomaten häuten, aufschneiden und entkernen. Die geschälten Knoblauchzehen, eine Messerspitze Kreuzkümmel und eine Prise Salz im Mörser zerstoßen (im Mixer pürieren); nun die sehr klein geschnittenen Tomaten hinzufügen und durcharbeiten, bis sich eine homogene Paste gebildet hat. Nun 6 EL Olivenöl, 1 EL Essig und Wasser unterrühren, bis eine relativ dickflüssige Sauce entstanden ist. Man serviert diese Sauce mit Garnelenschwänzen, die 8 Minuten in kochendem, schwach gesalzenem Wasser gebrüht worden sind, oder auch mit *papas arrugadas* (Runzelkartoffeln).

Für den *mojo picón* (pikante Sauce) die geschälten Knoblauchzehen, die gewaschenen und entkernten Chilischoten, eine Messerspitze Kreuzkümmel und eine Prise Salz im Mörser zerstoßen (im Mixer pürieren). Einen gestrichenen EL *pimentón*, einen knappen Becher Öl und 2 EL Essig (letztere tropfenweise) vorsichtig hineinrühren, bis eine nicht zu flüssige Sauce entstanden ist, zu der Streifen gegrillter Hühnerbrust (oder gedämpften Fisches) gereicht werden. Die *mojos* mit den entsprechenden Beilagen werden zur Stunde des Aperitifs serviert, zusammen mit grünen und schwarzen, in Salzlake oder Öl eingelegten Oliven oder auch mit Streifen von rohem Gemüse (Möhren, Sellerie, Gemüsepaprika, Zucchini, etc.) sowie *queso tierno*, dem bekannten frischen Weichkäse der Inseln (Alternative: der italienische Weichkäse *crescenza*, Sahnequark oder ähnliche Produkte). Die *mojos* lassen sich in verschlossenen Behältern im Kühlschrank lagern.

Die mojos, Stolz und gastronomisches Wahrzeichen des Archipels, sind von der kanarischen Tafel nicht wegzudenken. Sie begleiten nicht nur jewede Speisenfolge (außer vielleicht den Desserts, obwohl man selbst da nicht absolut sicher sein kann, so beliebt wie sie nun einmal sind), sondern bilden einen appetitanregenden Auftakt für das Mahl - oder einfach nur einen Vorwand dafür, plaudernd ein Glas des guten Inselweins zu genießen. Der pimentón *ist ein - nicht unbedingt immer scharfes - Gewürz, das fast allen Tendenzen der regionalen Küche Iberiens gemeinsam ist, so unterschiedlich sie auch sein mögen. Er wird aus getrockneten und gemahlenen, kräftig roten Gewürzpaprika-*

schoten der Sorte capsicum annuum *gewonnen, die in der Farbe ebenso intensiv sind wie im Geschmack. In Spanien gibt es ihn* fuerte *oder* dulce *('scharf' oder 'mild': je nach persönlichem Geschmack oder entsprechend regionalen Gepflogenheiten). Es handelt sich um eine für das Gelingen des Rezepts unerlässliche echte Zutat, nicht lediglich um einen 'Akzent', der dem Gericht ein 'gewisses Etwas' verleihen soll. In englisch- und auch in deutschsprachigen Ländern wird der Begriff oft mit* Paprika *übersetzt, doch handelt es sich hier nicht um den ungarischen* Paprika*, der aus indischen Gewürzpaprikasorten mit kleinerer Frucht und pikanterem Aroma gewonnen wird. Der* pimentón *entsteht aus afrikanischen Chilisorten und solchen aus der Neuen Welt. Aber dennoch: Wenn auch unterschiedlich in Geschmack, Farbe und gastronomischer Ergiebigkeit, kann* Paprikapulver *in seiner scharfen oder milden Variante, ebenso wie in Bioläden erhältliches* Gewürzpaprikapulver*, als Ersatz für* pimentón *verwendet werden.*

600 g *papas* (Kartoffeln, mittelgroß bis klein)

Für den mojo colorado:
2-3 Knoblauchzehen
1 frische rote (scharfe) Chilischote
Pimentón dulce (s.S. 12)
Kreuzkümmel
Frischer Oregano
Essig
Salz
Olivenöl

Für den mojo verde:
4 Knoblauchzehen
1 frische rote (scharfe) Chilischote
Petersilie (1 dicker Bund)
Koriandersamen
Kreuzkümmel
Frischer Oregano
Essig
Eine Prise Salz
Olivenöl

Portionen: 6-8
Vorbereitungszeit: 20′
Kochzeit: 10′
Schwierigkeitsgrad: ●
Geschmacksrichtung: ●●
Kalorien (pro Portion): 274
Proteine (pro Portion): 1
Lipide (pro Portion): 25
Nährwert: ●●

PAPAS CON MOJOS

Kartoffeln mit roter und grüner Sauce

Die Kartoffeln waschen, in schwach gesalzenem Wasser nicht zu weich kochen, abgießen, pellen und in Scheiben schneiden. Die Tischgäste dippen die aufgespießten Scheiben jeweils in die gewünschte Sauce.

1 Für den *mojo colorado* die geschälten Knoblauchzehen und die Chilischote in einem Mörser zerstoßen (oder im Mixer zerkleinern) und in ein Schüsselchen umfüllen. Einen TL *pimentón*, 1/2 TL Kreuzkümmel, die Blättchen von einem Sträußchen Oregano, 3-4 EL Öl, 3 EL Essig und soviel Wasser einrühren, bis eine relativ dickflüssige Sauce entstanden ist, die in eine Saucière umgefüllt wird.

2 Für den *mojo verde* die geschälten Knoblauchzehen, die Chilischote und 1 TL Koriandersamen im Mörser zerstoßen (oder im Mixer zerkleinern) und in ein Schüsselchen umfüllen. Die fein gehackte Petersilie, eine Teelöffelspitze Kreuzkümmel, die Blättchen von einem Sträußchen Oregano, 3 EL Olivenöl, 3 EL Essig, eine Prise Salz und soviel Wasser einrühren, bis eine nicht zu flüssige Sauce entstanden ist, die in einer Saucière neben den *mojo colorado* gestellt wird.

1

2

DER GOFIO

Der gofio - weitaus verbreitetstes traditionelles Nahrungsmittel der Kanaren, das sämtliche Speisen angefangen von der Suppe bis hin zum Nachtisch ergänzt, wenn es nicht sowieso den Hauptbestandteil bildet - ist Wahrzeichen der Gastronomie des Archipels. Was die Bekanntheit betrifft, so wird der gofio unter den Inselerzeugnissen im Rang vielleicht nur von den plátanos übertroffen, der Bananensorte, für die die Kanaren weltbekannt sind.

Es ist keine Übertreibung zu behaupten, dass der Stoffwechsel der Inselbewohner dem gofio ideal angepasst ist. Er wird seit Jahrtausenden unermüdlich hergestellt und täglich verzehrt, und zwar wahlweise mit Wasser, Brühe oder Öl angerührt oder mit anderen Lebensmitteln vermischt, unbeirrt von Modetrends und allgemeinen Veränderungen in der Ernährungsweise (die u.a. durch den Tourismus hierher gelangen, der Jahr für Jahr die Kanaren überflutet). Dazu kommt die auch aus dem Ausland zunehmende Nachfrage, weil der gofio - aufgrund seiner vielseitigen Verwendungsmöglichkeiten und wegen seiner Nahrhaftigkeit und Eignung für jewede Ernährungsweise - zum Rang eines diätetischen Erzeugnisses aufgestiegen ist.

Der gofio ist ein Mehl aus Getreide (vor allem Weizen, Mais und Gerste), das einzeln oder bereits vermischt geröstet und gemahlen wird. Zuweilen kommen auch Hülsenfrüchte wie z.B. Kichererbsen dazu (oder auch die im nördlichen Teil der Insel El Hierro sehr beliebten Platterbsen oder Saubohnen), die ihm nicht nur einen kräftigeren Geschmack, sondern auch eine cremige Konsistenz verleihen. Die am weitesten verbreiteten Sorten sind der populäre gofio de millo (millo ist Mais, auf den Kanaren und auch in Galicien so benannt in Anlehnung an den portugiesischen milho, anstelle des im Spanien des Kontinents vorherrschenden Begriffs maíz), gofio de trigo (Weizen) und gofio de cebada (Gerste). Sehr geschätzt ist auch der gofio de mezcla, auch gofio de tres cereales con garbanzos genannt; er besteht aus einem Gemisch der obigen drei Getreidesorten mit Kichererbsen. Beim gofio hat nicht nur jede der Inseln ihre eigenen Vorlieben, sondern auf den einzelnen Inseln besitzt wohl jedes Dorf und man kann sogar sagen jede Familie sehr ausgeprägte und tief verwurzelte ganz spezifische Neigungen. Heutzutage findet sich der gofio auch auf der Spanischen Halbinsel und in anderen europäischen Ländern, und zwar ganz besonders in Läden, die biologische oder diätetische Erzeugnisse anbieten. Er ist ob seiner Eigenschaften nicht leicht durch andere Produkte zu ersetzen, es sei denn durch in einer heißen Pfanne ohne Fettzugabe geröstetes feines Maismehl; doch darf dabei nicht vergessen werden - und eine Kostprobe des echten gofio wird dies bestätigen -, dass es sich hierbei um ein Surrogat handelt.

Geschichte und Herstellungsverfahren

Wer hat den gofio erfunden? Die gleiche Frage kann man auch bezüglich der Bouillon, der Polenta oder des Omeletts stellen - die Ursprünge verlieren sich in grauer Vorzeit. Wohl fast so alt wie die Kanarischen Inseln selbst, war der gofio bereits tägliches Nahrungsmittel der Urbevölkerung (der Guanchen), lange bevor die Phönizier und andere Seefahrer den Archipel zum ersten Mal betraten. Ursprünglich scheint er - aufgrund des geringen oder gar fehlenden Austauschs von Saatgut - ausschließlich aus Gerste hergestellt worden zu sein. Später kamen Weizen, Hafer und Saubohnen hinzu, die man in Zeiten von Hungersnöten durch Wildgräser ersetzte - von denen es über ein Dutzend Sorten gibt, die man zu nutzen gelernt hatte. Schließlich gelangten auch der Roggen (centeno), die Kichererbse und später der millo (Mais) auf die Inseln.

Für die erste Herstellungsphase des gofio, die Röstung, verwendete man einen großen Terrakotta-Teller, tiesto oder tostadora genannt; er hatte einen Durchmesser von einem halben bis einem Meter und wurde auf drei chiniques oder tiniques genannten Steinen über das Feuer gesetzt. Noch heute wird zuweilen vom tiesto Gebrauch gemacht, denn das traditionelle Verfahren, auch wenn es langwierig und teuer ist, garantiert maximale Qualität. Nachdem der Boden der tostadora mit einer Schicht von schwarzem Lavasand bedeckt worden ist, werden darauf das Getreide oder die Hülsenfrüchte ausgebreitet und über lebhaftem Feuer geröstet. Zum Umrühren während der Röstung dient ein juercán genannter Holz- oder Rohrstock, dessen Ende mit Lappen umwickelt ist. Danach werden die gerösteten Körner zur Beseitigung von Sand und Unreinheiten gesiebt, und manchmal wird Salz oder Zucker hinzugegeben, wodurch man die so genannte tafeña erhält.

Für die empfindlichste Phase der Herstellung, das Mahlen, wurden seit Jahrhunderten die molinos eingesetzt, primitive aber sinnreiche Mahlanlagen. Sie bestanden aus zwei muelas - konvex geformten runden Steinen, die in den eigentlichen, aus mehr oder weniger feinkörnigem Basalt bestehenden Mühlstein (piedra molinera) eingeschnitten und spiegelbildlich mit den flachen Seiten aufeinander gepasst waren. Ein Loch in der Mitte der oberen muela diente zur Einführung der molienda, d.h. der zu mahlenden gerösteten Körner. An seinem Rand hatte der Stein eine oder zwei muescas, kleine Vertiefungen für die Finger oder geeignet geformte Tierknochen, Holz- oder Rohrstöcke, mit denen man unter Nutzung der Hebelwirkung den oberen auf dem unteren Stein drehte; der untere Stein hatte ebenfalls ein Loch, in das ein in der Erde verankerter Zapfen eingesetzt war, um ihn waagrecht zu halten. Das langsame Mahlen mit der Hand garantierte - und garantiert noch heute - ein Erzeugnis von feinstem Aroma, Geschmack und Körnung. Das Ergebnis ist der einzige gofio, der - wenn auch wesentlich teurer als der gewöhnliche - noch heute den hohen Anforderungen der anspruchvollsten Feinschmecker der Kanaren genügt. Hierher gehört auch der Hinweis, dass man das bei dieser Methode zu Beginn und zum Ende des Mahlvorgangs etwas körniger ausfallende Mehl, rolón oder afrecho genannt, allgemein als Vieh-

futter betrachtet. Noch heute wird also in gewissem Umfang gofio nach dem durch viele Generationen überlieferten Verfahren aus der Zeit der Guanchen hergestellt. In einigen Dörfern des Archipels, wie z.B. Chipude auf der Insel La Gomera und Los Mocanes auf El Hierro, werden noch heute molinos aus Stein benutzt; an anderen Orten gibt es sie mit vier oder mehr muescas, mit deren Hilfe mehrere Personen das Mahlwerk gleichzeitig betreiben können.
Später kamen die molinos - mit den obigen Ausnahmen - langsam immer mehr aus dem Gebrauch (sie landeten in Museen), und der gofio wurde in Windmühlen gemahlen, wie sie bei der schönen Stadt Orotava auf der Insel Teneriffa zu bewundern sind, auf der sich auch die Häuser mit den charakteristischen Holzbalkons finden. Heute wird der gofio allgemein in modernen Anlagen mit industriellen Röstvorrichtungen und elektrischen Mahlwerken hergestellt.

In der Küche und auf dem Tisch

Der gofio war seit Jahrtausenden und ist noch heute das 'tägliche Brot' der Kanarischen Inseln. Von ihm ernährten sich zuerst die Ureinwohner, dann Generationen lang der arme Teil der Bevölkerung; man vermischte ihn mit heißem Wasser oder je nach Verfügbarkeit mit Brühe, unter Beimischung von Öl, von Honig, Käse oder anderen Zutaten. In heutiger Zeit ist die Armut geringer geworden, und so tragen Vorlieben und Phantasie zu originellen und appetitlichen, salzigen oder süßen Abwandlungen bei, doch ist es nicht immer so gewesen. Der gofio war für das Überleben unerlässlich, war Grundnahrungsmittel, und man musste dem Himmel danken, wenn man genügend davon hatte. Wenn es an edlen Getreiden wie Weizen, Mais oder Gerste mangelte, verwendete man Wildpflanzen wie den cosco, eine Kriechpflanze mit winzigen roten Blättern, die an den Küsten des Archipels wächst, aber auch barilla (Salzkraut) oder vidrio, aus denen ein Mehl hergestellt wurde, das zwar grob, aber immerhin essbar war. Häufig verwendete man auch Lupinen (chochos), die ebenfalls ein groberes Mehl als die edlen Getreide liefern. Doch heißt es ja: 'Not macht aus allem Brot', und so macht sie eben auch aus allem gofio.
Wie wir bereits sagten, ist der gofio so sehr Teil der kanarischen Ernährungsweise, dass er oft mit der Nahrung selbst gleichgestellt wird: Mit gofión (Leckermaul oder Vielfraß) bezeichneten einst die chicharreros, Ureinwohner von Teneriffa, die Bewohner von Gran Canaria. Und wenn wir schon beim Thema Sprache sind: Außer traditionellen Bezeichnungen für antikes Werkzeug ist auch ein reicher Wortschatz im Zusammenhang mit Herstellung, Verarbeitung und Verzehr des gofio überliefert. Hinsichtlich der Vermengung von gofio mit verschiedenen Flüssigkeiten und Zutaten unterscheiden die Inselbewohner den nur mit heißem Wasser vermischten gofio revuelto, den mit kochender Brühe angerührten gofio escaldón und den mit Brühe, Milch oder Wein verdünnten gofio rala, ganz zu schweigen von dem mit Wasser und Käsestückchen angerührten gofio berrendo. Man darf sich allerdings bei den Mengen nicht vertun, sonst kann es passieren, dass man einen gofio jaragán erhält, der - weil mit ungenügend Wasser angerührt - zu einem ungenießbaren, gipsartigen Klumpen wird, anstatt wie erhofft glatt und geschmeidig den Gaumen zu erfreuen. Schmach der Küche, in der der fatale Ausspruch "¡Este gofio quedó jaragán!" zu hören ist: Es muss alles weggeworfen und von neuem begonnen werden. Ein besonderer Wortschatz rankt sich auch um den Verzehr: cabrillas sind löffelweise verzehrte und von einem Glas guten Weines begleitete Happen aus gofio-Mehl; eine Handvoll gofio-Brei, mit den Fingern gegessen, nennt sich gainás, gasnais oder goga. Wenn man ein pan de gofio auf den gedeckten Tisch bringen will, ist es gut zu wissen, dass es sehr viel kleiner ist als eine billarda, auch bimba oder brimba de gofio genannt; eine pella ist dagegen eine Portion gofio von länglicher oder kugeliger Form, wie man sie auch zum sancocho (s.S. 66) serviert.

Die Verbreitung des *gofio*

Im Gepäck der Emigranten, die die Kanarischen Inseln verließen, befand sich immer auch ein Säckchen gofio. Dieses Nahrungsmittel hat in der Neuen Welt - und ganz speziell in Venezuela, Uruguay, Brasilien und Argentinien (wo auch der frangollo, s.S. 84, sehr populär ist) - großen Erfolg gehabt. Wer weiß, ob die Zauberformel dieses Mehls nicht auch zum Proviant von Christoph Kolumbus gehörte, der auf seinen Reisen nach Amerika die Kanaren mehrmals anlief! Heute verzehrt den gofio niemand mehr aus reiner Not, sondern hauptsächlich als Gaumenfreude und aus gesundheitlichen Gründen, denn er ist reich an Vitaminen der Gruppen B und C, an Proteinen, pflanzlichen Fasern und Mineralstoffen (Kalzium, Eisen, Magnesium, Natrium, u.a.). Unter den verschiedenen im Handel befindlichen Sorten hat im Hinblick auf Nahrhaftigkeit der aus mindestens drei edlen Getreiden und Kichererbsen bestehende gofio de mezcla offensichtlich den höchsten Gehalt an Kalorien, Proteinen und Kohlehydraten. Unter den Sorten aus einem einzigen Getreide ist der gofio aus Gerste der fettärmste, der gofio aus Mais dagegen der fettreichste. Umgekehrt hat der gofio aus Mais den höchsten Anteil an pflanzlichen Fasern, während gofio aus Gerste proportional den höchsten Anteil an löslichen Fasern enthält; der gofio vom Weizen weist dagegen den höchsten Gehalt an Mineralstoffen auf.
Dank seiner diätetischen und nährstoffbedingten Eigenschaften gehört der absolut farbstoff- und konservierungsstoff-freie gofio zweifellos zu den gesundheitsfördernden Nahrungsmitteln. Damit ist er vielen anderen 'einfachen' Nahrungsmitteln gleichwertig und - je nach Sorte - sehr geeignet für Diäten und besondere Anforderungen, wie z.B. für stillende Mütter. Wer nicht auf den Inseln geboren ist, mag den gofio zuerst etwas fade finden. Wenn man ihn also zum ersten Mal kostet, sollte er nicht mit Wasser, sondern mit Brühe oder, wenn man das Süße bevorzugt, mit Honig angerührt sein; an den delikaten Geschmack des reinen gofio gewöhnt man sich nach und nach.

CALDOS, POTAJES Y SOPAS

In diesem Abschnitt finden wir einige der beliebtesten kanarischen Gerichte; traditionelle Rezepte, die Generationen von Fischern, Schäfern und Bauern gedient haben. So wie diese drei Gewerbe auf den Inseln häufig in einer einzigen Person vereinigt sind - und dies trifft oft auch heute noch zu -, so vereinigen Eintöpfe und Suppen den Meeresfisch mit Erzeugnissen des Feldes und mit Gaben des Weidelandes. Meistens handelt es sich dabei nicht um 'erste Gänge', sondern (in Entsprechung der antiken Gepflogenheiten, ein Mahl nicht in mehrere Gänge zu unterteilen), um Gerichte mit nur einem einzigen Gang, der - wie beim puchero *oder beim* rancho *festgestellt werden kann - vielschichtige Bestandteile wie Brühe und Kräuter, Gemüse und Hülsenfrüchte, Fleisch von Nutztieren und von gängigem oder edlem Fisch in sich vereinigt. Dazu gesellt sich noch der nie fehlende Käse, den man, selbst wenn er im Rezept nicht erwähnt ist (denn er wird getrennt serviert - und es muss unbedingt ein ordentliches Stück sein!), zwischendurch verzehrt.*

2

Caldo de pescado

Fisch-Gemüsesuppe

1 Die Knoblauchknolle im Backofen grillen, bis die Schale eine dunkelbraune Farbe annimmt und sich zu kräuseln beginnt; dann beiseite legen. Gemüse und Kräuter waschen, putzen und/oder schälen, die Tomaten, den Gemüsepaprika und die Chilischote von Kernen und Scheidewänden befreien.

2 Die Fischfilets in einer Pfanne mit 3 EL Öl kurz anbraten (2 Minuten pro Seite), mit dem Schaumlöffel herausnehmen, auf Küchenpapier entfetten und warm stellen.

3 Die fein gehackte Zwiebel in einer Terrakotta-Kasserolle mit 5 EL Öl glasig schwitzen, dann die klein geschnittenen Tomaten, den in Streifen geschnittenen Gemüsepaprika, die geschälten Knoblauchzehen, die Chilischote und das Sträusschen Würzkräuter dazugeben.

4 Das Ganze bei schwacher Hitze etwa 10 Minuten durchziehen lassen, dann die (falls erforderlich in Schnitze zerteilten) Kartoffeln und die Fischfilets hineinlegen. Nun etwa 2,5 l heißes Wasser zugießen, in dem vorher etwas Salz und der Safran aufgelöst wurden. Den Deckel auflegen und das Gericht bei niedriger Hitze schwach köcheln lassen, bis die Kartoffeln 'al dente' sind (etwa 10 Minuten). Das Sträußchen Würzkräuter herausnehmen, die Brühe mit dem Gemüse und dem Fisch vorsichtig in eine Suppenterrine umfüllen und 10-15 Minuten ruhen lassen. Dann mit Petersilienspitzen garniert servieren.

- 700 g ca. Filets von gemischtem Weißfisch (*sama*, *cherne*, *mero*, etc., s.S. 50)
- 10 *papas* ca. (Kartoffeln, mittelgroß bis klein)
- 2 Tomaten
- 1 Gemüsepaprika
- 1 Zwiebel
- 1 Knoblauchknolle
- 1 frische rote (scharfe) Chilischote
- 1 gebundenes Sträußchen Würzkräuter (bestehend aus einem Lorbeerblatt, Korianderkraut und Thymian)
- Safran (1 Tütchen)
- Petersilie (zum Garnieren)
- Salz
- Olivenöl

Portionen: 6
Vorbereitungszeit: 20'+15'
Kochzeit: 45'
Schwierigkeitsgrad: ●●●
Geschmacksrichtung: ●●●
Kalorien (pro Portion): 331
Proteine (pro Portion): 24
Lipide (pro Portion): 11
Nährwert: ●

1

2

3

4

POTAJE DE BERROS

◀ Kresseeintopf

Die Bohnen 5 Stunden vorher in kaltem Wasser einweichen; gleichzeitig die Rippchen in lauwarmes Wasser legen und bis zur Zubereitung darin liegen lassen (statt gepökelter Rippchen kann man auch frische nehmen; diese müssen dann jedoch, entsprechend dem Salzverlust gepökelter Rippchen im Wasserbad, nachgesalzen werden). Zu gegebener Zeit das Gemüse - einschließlich der Kresse - waschen und putzen (die Kartoffeln schälen und den Maiskolben entkörnen). Die Bohnen abgießen und abtropfen lassen und zusammen mit den Rippchen in eine geräumige Kasserolle aus Terrakotta geben. Die klein geschnittene Kresse, die fein gewürfelte Zwiebel und den geschälten und in dünne Scheibchen geschnittenen Knoblauch darüber verteilen. Vier EL Öl dazugeben, mit Wasser auffüllen (etwa 2,5 l) und mit einer Prise Salz würzen. Wenn der Eintopf zu kochen beginnt, den Deckel auflegen und eine halbe Stunde köcheln lassen. Anschließend die Maiskörner und die würfelig geschnittenen Kartoffeln hinzugeben, Deckel wieder auflegen und das Gericht eine weitere halbe Stunde köcheln lassen. Zum Schluss den fertigen Eintopf zugedeckt noch eine Viertelstunde ziehen lassen und dann mit *gofio* bestreut servieren.

250 g ca. (1 Strauss) Brunnenkresse
300 g gepökelte Schweinerippchen
200 g getrocknete weiße Bohnen
4-5 *papas* (Kartoffeln, mittelgroß bis klein)
1 Maiskolben
1 Zwiebel
4 Knoblauchzehen
60 g ca. *gofio de millo* (s.S. 15)
Salz
Olivenöl

Portionen: 6
Vorbereitungszeit: 20'+5h
Kochzeit: 1h + 15'
Schwierigkeitsgrad: ●●
Geschmacksrichtung: ●●
Kalorien (pro Portion): 405
Proteine (pro Portion): 18
Lipide (pro Portion): 13
Nährwert: ●

Die Brunnenkresse gehört zu vielen Rezepten der kanarischen Küche - sie ist eine der gastronomischen Spezialitäten des Archipels. Ihr einheimischer Name ist **berro** ***(im Plural*** **berros*****); in manchen Regionen Spaniens heißt sie*** **mastuerzo acuático*****. Ihre wissenschaftliche Bezeichnung ist*** **pasturtium officinale*****; sie wächst wild an Teichen und bei Quellwässern und wird im Englischen*** **watercress** ***und im Französischen*** **cresson de fontaine** ***genannt.***

SOPA DE GOFIO

Gofio-Suppe

Diese sehr einfache, aber schmackhafte Suppe (zum Schluß mit duftendem *mojo verde* verfeinert) kann mit Fischbrühe, aber auch nach dem Rezept auf Seite 18 mit *caldo de pescado* und Safran zubereitet werden (wobei der Fisch dann als Hauptgericht dient). Statt *gofio* kann - wenn auch unter Verzicht auf einen Teil des unvergleichlichen Geschmacks - in einer heißen Pfanne ohne Fettzugabe geröstetes Maismehl verwendet werden. Die Zwiebel schälen, fein würfeln und mit 4 EL Öl in einer geräumigen Kasserolle anschwitzen. Nach 5 Minuten den *gofio* einstreuen und bei mittlerer Hitze unter ständigem Rühren anrösten, die heiße Brühe langsam zugießen, mit Salz abschmecken und zum Kochen bringen. Bei niedriger Hitze weiter köcheln, bis die Suppe etwas eingedickt ist. In bereitgestellte Suppenteller verteilen und auftragen. Getrennt in einem Schüsselchen den *mojo verde* servieren, mit dem jeder die Suppe nach Geschmack würzen kann.

1,5 l ca. Fischbrühe (s.S. 18)
1 Zwiebel
60 g *gofio de millo* (s.S. 15)
Mojo verde (s.S. 14)
Salz
Olivenöl

Portionen: 4
Vorbereitungszeit: 10'
Kochzeit: 15'
Schwierigkeitsgrad: ●
Geschmacksrichtung: ●●●
Kalorien (pro Portion): 272
Proteine (pro Portion): 6
Lipide (pro Portion): 21
Nährwert: ●

PUCHERO CANARIO

Fleisch-Gemüsesuppe

1

3

2

4

1 Die Bohnen wie üblich 5 Stunden vorher einweichen. Dann das Fleisch und den Speck zusammen mit den abgeschütteten Bohnen in eine geräumige Kasserolle füllen und mit kaltem Wasser bedecken. Kurz aufkochen, die Flamme herunterdrehen und eine halbe Stunde sacht köcheln lassen. Das gewaschene, geputzte und klein geschnittene Gemüse, d.h. Mangold, Kresse und Zucchino dazugeben, mit Salz und Pfeffer abschmecken.

2 Die Maiskolben waschen und entkörnen. Die Körner zusammen mit den geschälten und gewürfelten Kartoffeln in die kochende Suppe geben und sie dann zugedeckt fertig kochen lassen (etwa 1/2 Stunde ab diesem Zeitpunkt). Dann das Fleisch herausnehmen, abtropfen lassen, zusammen mit dem Gemüse auf einer Platte anrichten und warm stellen; die Kochbrühe filtrieren.

3 Die geschälte und klein gehackte Zwiebel in einer Kasserolle (möglichst aus Terrakotta) in 3-4 EL Öl anschwitzen, den geschälten Knoblauch und die gewaschenen, entkernten und klein geschnittenen Tomaten dazugeben und dünsten, bis sie zerfallen.

4 Anschließend 3-4 EL *gofio* hineinrühren, die filtrierte Brühe zugießen und das Ganze sehr langsam (dies wirkt sich geschmacksverstärkend aus) in etwa 5-6 Minuten wieder zum Kochen bringen. Die fertige Suppe vom Feuer nehmen und mit Korianderspitzen und Petersilie garniert auftragen. Das Fleisch mit dem Gemüse wird als Hauptgang serviert.

250 g getrocknete weiße Bohnen
500 g Schweinelende (ohne Knochen)
150 g Rückenspeck (oder geräucherter durchwachsener Bauchspeck)
1 Zwiebel
3 Knoblauchzehen
2 *papas* (Kartoffeln, mittelgroß)
2 Maiskolben
1 Bund Mangold
2 reife Tomaten
1 Zucchino
150 g (1 Bund) Brunnenkresse
Gofio de millo (s.S. 15)
Korianderkraut
Petersilie (auch zum Garnieren)
Salz und Pfeffer
Olivenöl

Portionen: 4
Vorbereitungszeit: 25′+ 5h
Kochzeit: 1h 30′
Schwierigkeitsgrad: ●●●
Geschmacksrichtung: ●●
Kalorien (pro Portion): 1027
Proteine (pro Portion): 44
Lipide (pro Portion): 59
Nährwert: ●●●

Rancho canario

Fleischtopf mit Hülsenfrüchten und Nudeln

1 Die Kichererbsen 6 Stunden vorher einweichen. Zu gegebener Zeit das Gemüse waschen und putzen, die Tomaten von Kernen befreien und die Kartoffeln schälen. Die fein gewürfelte Zwiebel in einer Kasserolle mit 4 EL Öl langsam anschwitzen und nach 5 Minuten die klein geschnittenen Tomaten dazugeben.

2 Unter Umrühren 8 Minuten lang auf ganz kleinem Feuer durchziehen lassen, dann das in mundgerechte Stücke geschnittene Fleisch sowie den zerstückelten *chorizo* dazugeben und auf kleinem Feuer 6 Minuten lang anschmoren.

3 Die abgegossenen Kichererbsen, die in Stücke geschnittenen Kartoffeln, 1 EL *pimentón*, eine Prise Salz und den Safran dazugeben und mit Wasser bedecken. Den Deckel auflegen, das Gericht zum Kochen bringen und eine Stunde köcheln lassen. Die dann zerfallenen Kartoffeln machen die Suppe sämig.

4 Den Deckel abnehmen und die *fideos* hinzufügen. Kurz aufkochen lassen, dann die Kasserolle sofort vom Feuer nehmen, den *rancho* eine halbe Stunde zugedeckt ziehen lassen und schließlich lauwarm auftragen. Obwohl wir dieses Gericht unter die ersten Gänge eingereiht haben, handelt es sich natürlich um ein aus einem einzigen Gang bestehendes Eintopfgericht.

1

2

Der in Iberien sehr verbreitete chorizo *ist eine kleine, würzige Salami aus fettem und magerem gehacktem Schweinefleisch (manchmal wird auch etwas Rindfleisch beigemengt). Der kräftig-würzige Geschmack des* chorizo *beruht auf der Zugabe von mehr oder weniger scharfem (*caliente*) Chilipulver, Knoblauch, Pfeffer und weiteren Würzstoffen, und er ähnelt damit der kleinen Salami Süditaliens. Es gibt im Handel verschiedene Sorten von* chorizo*, die durch unterschiedliche Etiketten erkennbar sind. Für* tapas *und* boccadillos *eignet sich der bis zu 3 Monaten gereifte* chorizo*, zum Kochen empfiehlt sich die frischere Sorte.*

250 g *fideos* (Fadennudeln oder Spaghettini)
250 g getrocknete Kichererbsen
500 g Schweinelende (ohne Knochen)
150 g *chorizo* (s. gegenüberliegende Seite)
4 *papas* (Kartoffeln, mittelgroß)
2 reife Tomaten
1 Zwiebel
Pimentón dulce (s.S. 12)
Safran (1 Tütchen)
Salz
Olivenöl

Portionen: 4
Vorbereitungszeit: 15′+6h
Kochzeit: 1h 20′+30′
Schwierigkeitsgrad: ●●
Geschmacksrichtung: ●●●
Kalorien (pro Portion): 940
Proteine (pro Portion): 59
Lipide (pro Portion): 32
Nährwert: ●●●

3

4

500 g Filets von edlem Weißfisch (*sama, cherne, mero*, etc., s.S. 50)
2 Dutzend *papas* (Kartoffeln, klein)
3 Tomaten
Kreuzkümmel
Safran (1 Tütchen)
Korianderkraut (zum Garnieren)
4 Scheiben geröstetes hausbackenes Brot (zum Servieren)
Salz

Portionen: 4
Vorbereitungszeit: 15'
Kochzeit: 25'
Schwierigkeitsgrad: ●
Geschmacksrichtung: ●●●
Kalorien (pro Portion): 307
Proteine (pro Portion): 29
Lipide (pro Portion): 2
Nährwert: ●

SOPA TINERFEÑA

Fischsuppe aus Teneriffa ▶

Die Tomaten waschen, entkernen und in Schnitze schneiden; die Kartoffeln schälen und unzerschnitten lassen.
Tomaten und Kartoffeln mit einer Prise Salz und einer Messerspitze Kreuzkümmel in eine Kasserolle geben und mit knapp 2 l Wasser bedecken. Die Kasserolle zum Kochen bringen und weitere etwa 20 Minuten kochen lassen. Die Fischfilets und den Safran hinzufügen und, sobald die Suppe wieder kocht, den Fisch mit einem gelochten Schaumlöffel herausnehmen und in vorbereitete Suppenteller verteilen, in denen jeweils eine Scheibe geröstetes Brot liegt. Die Teller mit Kartoffeln und der Brühe auffüllen und mit Korianderspitzen garniert servieren. Auch hier handelt es sich um ein Gericht mit nur einem Gang. Ein sehr einfaches, exquisites Rezept ohne Fettzugabe.

200 g *fideos* (Fadennudeln oder Spaghettini)
1 Knoblauchknolle
2 schöne reife Tomaten
4 Eigelb
Korianderkraut (zum Garnieren)
160 g *queso de Flor curado* (s.S. 78), geraspelt
Salz
Olivenöl

Portionen: 4
Vorbereitungszeit: 10'
Kochzeit: 30'
Schwierigkeitsgrad: ●●
Geschmacksrichtung: ●●●
Kalorien (pro Portion): 581
Proteine (pro Portion): 29
Lipide (pro Portion): 32
Nährwert: ●●

SOPA DE HUEVO Y AJO

Knoblauchsuppe mit Ei

Die Knoblauchzehen schälen und mit 4 EL Öl in einer Kasserolle langsam anschwitzen. Nach 3 Minuten die gewaschenen, entkernten und klein geschnittenen Tomaten dazugeben und auf kleinem Feuer unter Rühren 5 Minuten ziehen lassen. Dann einen guten Liter heißes Wasser zugießen, mit Salz abschmecken, den Deckel auflegen, die Suppe zum Kochen bringen und bei schwacher Hitze 15 Minuten köcheln lassen. Nun die *fideos* dazugeben und 'al dente' kochen. Die fertige Suppe in die mit jeweils einem Eigelb bereitgestellten Teller verteilen, den geraspelten *queso Flor* (der auch durch andere Sorten von gut gereiftem Käse aus einem Gemisch von Schaf- und Kuhmilch ersetzt werden kann) darüberstreuen und mit Korianderspitzen garniert auftragen.

SOPA DE TOMATE

◀Tomatensuppe

1 kg reife Tomaten
2 Gemüsepaprika
1 Zwiebel
2 Knoblauchzehen
Zucker
Pimentón dulce (s.S. 12)
Oregano (zum Garnieren)
Salz
Olivenöl

Portionen:	**6**
Vorbereitungszeit:	**8'**
Kochzeit:	**18'**
Schwierigkeitsgrad:	**●●**
Geschmacksrichtung:	**●●●**
Kalorien (pro Portion):	**201**
Proteine (pro Portion):	**41**
Lipide (pro Portion):	**2**
Nährwert:	**●**

Das Gemüse waschen, putzen und kochfertig machen (Scheidewände und Kerne aus Tomaten und Gemüsepaprika entfernen!). Die zusammen mit dem geschälten Knoblauch fein gehackte Zwiebel mit 4-5 EL Öl in einer Kasserolle (möglichst aus Terrakotta) anschwitzen. Sobald Zwiebel und Knoblauch glasig geworden sind, das fein geschnittene Gemüse und nach weiteren 5 Minuten 1 EL Zucker, 1 TL *pimentón* und eine Prise Salz untermischen. Das Ganze mit heißem Wasser (einem guten Liter) auffüllen und zum Kochen bringen. Deckel auflegen und bei mittlerer Hitze etwa 10 Minuten kochen lassen. Die fertige Suppe in bereitgestellte Teller verteilen und mit Oregano bestreut auftragen.

SOPA DE ZANAHORIAS

Möhrensuppe

600 g Möhren (mittelgroß)
1 Zwiebel
160 g *queso de Flor curado* (s.S. 78), geraspelt
60 g *gofio de millo* (s.S. 15)
5 g Zucker (ca.)
Petersilie (zum Garnieren)
Weißweinessig
Salz
10 g Schmalz
Olivenöl

Portionen:	**4**
Vorbereitungszeit:	**20'**
Kochzeit:	**35'**
Schwierigkeitsgrad:	**●●**
Geschmacksrichtung:	**●●**
Kalorien (pro Portion):	**387**
Proteine (pro Portion):	**15**
Lipide (pro Portion):	**24**
Nährwert:	**●**

Die Möhren schälen und in kochendem, leicht gesalzenem Wasser (ca. 2 l) sieden. Nach etwa 20 Minuten abgießen (das filtrierte Kochwasser aufheben) und in Scheiben schneiden. Die Zwiebel schälen, in dünne Scheiben schneiden und in einer Kasserolle (möglichst aus Terrakotta) mit 3 EL Öl und dem zerlassenen Schmalz angehen lassen. Nach 5 Minuten die Möhren dazugeben und auf kleiner Flamme kurze Zeit ziehen lassen. Zwei EL Essig hineinrühren und über lebhaftem Feuer einkochen lassen; dann den Zucker und den *gofio* einrühren und die Hitze reduzieren. Das (inzwischen auf ca. 1 l eingekochte) Kochwasser der Möhren zugießen, aufkochen, weitere 5 Minuten köcheln lassen und dann mit Salz abschmecken. Die fertige Suppe mit geraspeltem *queso Flor* (der auch durch andere Sorten von gut gereiftem Käse aus einem Gemisch von Schaf- und Kuhmilch ersetzt werden kann) bestreut und mit Petersilie garniert servieren.

SOPA DE PAN Y HUEVOS

Brotsuppe mit Ei

3 Eier
1 Zwiebel
1 l ca. fertige Gemüse- oder Hühnerbrühe
8 Scheiben geröstetes hausbackenes Brot
Petersilie (auch zum Garnieren)
Salz
10 g Schmalz
Olivenöl

Portionen: 4
Vorbereitungszeit: 20′
Kochzeit: 35′
Schwierigkeitsgrad: ●●
Geschmacksrichtung: ●●
Kalorien (pro Portion): 267
Proteine (pro Portion): 11
Lipide (pro Portion): 23
Nährwert: ●

Die Zwiebel schälen, zusammen mit einer Handvoll Petersilie fein hacken und in einer Kasserolle mit 4 EL Öl anschwitzen. Nach 5 Minuten die fertige Brühe zugießen, mit Salz abschmecken und zugedeckt 15 Minuten köcheln lassen. In der Zwischenzeit die Brotscheiben auf dem Grill im Ofen (der danach auf 200° C reguliert wird) rösten. Das Brot dann schichtweise in eine mit dem Schmalz (es kann auch Butter sein) ausgefettete feuerfeste Schüssel legen und die mit 5 EL kochender Brühe verquirlten Eier darauf verteilen. Schließlich den Inhalt der Kasserolle zugießen (natürlich nur bis etwas unterhalb des Schüsselrandes) und die Schüssel 10 Minuten lang in den Ofen geben. Das fertige Gericht mit Petersilienspitzen garniert servieren.

Carnes y aves

Unter den Tieren, deren Fleisch auf den Kanarischen Inseln vorrangig verzehrt wird, stehen - aufgrund der Naturgegebenheiten des Archipels - das zarte Zicklein, das sanfte Lämmchen und das scheue Kaninchen an erster Stelle, eingehüllt in den Duft der Würzpflanzen, der die Luft der Inseln erfüllt; an zweiter Stelle steht das Hausgeflügel. Auch das Schwein trägt seinen Anteil bei - soweit sein Fleisch nicht für die exquisiten Schinken oder würzige Wurstwaren verwertet wird. Weniger häufig sind dagegen Rezepte, in denen von Rind- und Kalbfleisch Gebrauch gemacht wird, auch wenn sie - wie wir sehen werden - sehr schmackhaft und originell sind.

3

Cabrito al horno

Im Ofen gebratene Zickleinkeule

1

2

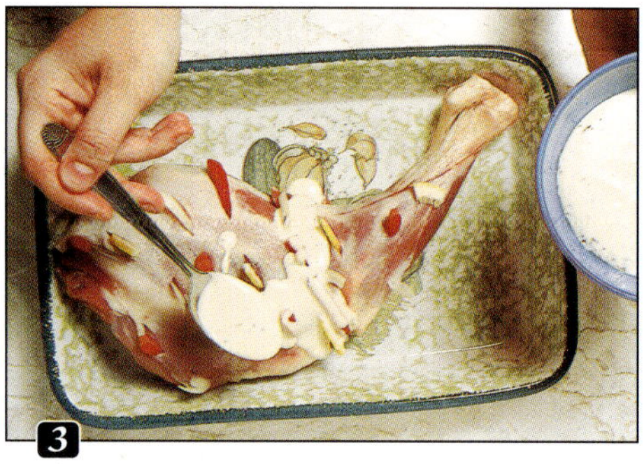

3

4

1 Für den *mojo* die geschälten Knoblauchzehen zusammen mit den entkernten Chilischoten, 1 EL *pimentón*, einem Lorbeerblatt und den Blättchen eines Thymianzweiges im Mörser zerstoßen (oder im Mixer pürieren). Die erhaltene Paste in ein Schüsselchen umfüllen, mit 1 1/2 Gläsern Wein und 6 EL Öl glatt rühren und schließlich eine Handvoll gehackter Petersilie untermengen. Den fertigen *mojo* bis zum Gebrauch ziehen lassen. Den Backofen auf 200° C vorheizen.

2 Die geschälte halbe Zwiebel in dünne Scheiben, die gewaschene und entkernte halbe Tomate wie auch die halbe Zitrone in Scheiben schneiden. Die Zickleinkeule auf die Arbeitsfläche legen und mit der Spitze eines scharfen Messers rundherum Einschnitte vornehmen, in die die Zwiebel-, Tomaten- und Zitronenscheiben zum Spicken hineingesteckt werden.

3 Die gespickte Keule salzen, in eine feuerfeste Schüsssel legen, mit 3 EL *mojo* bestreichen und in den Ofen schieben, wo sie in einer Stunde garen soll. Während des Bratens von Zeit zu Zeit mit dem *mojo* beträufeln, bis er aufgebraucht ist. Nach der halben Bratzeit muss die Keule gewendet werden.

4 In der Zwischenzeit die Kartoffeln schälen, in einer mit Öl ausgeschwenkten Pfanne bei starker Hitze kurz sautieren (3 Minuten), abtropfen lassen und 20 Minuten vor Beendigung der Bratzeit zur Zickleinkeule legen. Das Gericht mit Petersiliensträusschen garniert servieren.

1 kg ca. Zickleinkeule
20 *papas* ca.
(Kartoffeln, mittelgroß bis klein)
1/2 reife Tomate
1/2 Zwiebel
1/2 Zitrone
Petersilie
(zum Garnieren)

Salz
Olivenöl

Für den mojo:
2 Knoblauchknollen
2 frische rote (scharfe) Chilischoten
Lorbeer, Petersilie und Thymian

Pimentón dulce
(s.S. 12)
300 ml ca. trockener Weißwein
Olivenöl

Portionen: 4
Vorbereitungszeit: 25'
Kochzeit: 1h
Schwierigkeitsgrad: ●●
Geschmacksrichtung: ●●●
Kalorien (pro Portion): 629
Proteine (pro Portion): 43
Lipide (pro Portion): 28
Nährwert: ●●

1
2
3
4

Cabrito al salmorejo

Marinierte Zickleinragout

1 Die *ñoras* in lauwarmem Wasser einweichen. Nach einer halben Stunde ausdrücken, Kerne entfernen und mit dem geschälten Knoblauch, den Blättchen einer Handvoll Oregano- und Thymianzweiglein, 1/2 TL *pimentón*, Salz und etwas Pfeffer im Mörser zerstoßen (oder im Mixer pürieren). Die erhaltene Paste in eine kleine Schüssel umfüllen und mit 3 EL Essig verrühren.

2 Das Fleisch rundherum mit der Paste bestreichen und zugedeckt an einem kühlen Ort mindestens 8 Stunden marinieren. Dann abtropfen lassen, die Marinade abschaben und aufheben (sowohl die Paste als auch die Flüssigkeit).

3 Die Zickleinschulter in mundgerechte Würfel schneiden und in einer Terrakotta-Kasserolle mit 5 EL Öl anbraten. Deckel auflegen, die Hitze auf kleinste Stufe stellen und das Fleisch eine gute halbe Stunde schmoren lassen, bis es zart ist (falls erforderlich, während der Schmorzeit ein oder zwei EL heißes Wasser zugeben). Das Fleisch auf einer Platte anrichten und warm stellen.

4 Den *salmorejo*, d.h. die Marinade (flüssige und festere Bestandteile) in den in der Kasserolle verbliebenen Schmorfond geben, 5 Minuten bei starker Hitze durchkochen und die Sauce dann über das Fleisch verteilen. Zusammen mit *papas arrugadas* servieren.

***Ñoras** sind getrocknete, im Geschmack eher milde als pikante Gemüsepaprika mit normalerweise dunkelroter bis violetter, kegelförmiger Schote. Als Ersatz kann auch edelsüßes Paprikapulver verwendet werden (zwei Teelöffelchen).*

800 g Zickleinschulter oder -bug, ohne Knochen
2 *ñoras* (s. oben)
1 Knoblauchzehe
Pimentón fuerte (s.S. 12)
Oregano und Thymian
Papas arrugadas (Runzelkartoffeln, s.S. 75, als Beilage)
Essig
Salz und Pfeffer
Olivenöl

Portionen: 4
Vorbereitungszeit: 20'+8h30'
Kochzeit: 40'
Schwierigkeitsgrad: ●●
Geschmacksrichtung: ●●●
Kalorien (pro Portion): 339
Proteine (pro Portion): 39
Lipide (pro Portion): 18
Nährwert: ●

Ferienanlage in der Wüstengegend von Maspalomas

Costillas con piñas de millo

Schweinekoteletts mit Maiskolben ▶

1 kg ca. gepökelte Schweinekoteletts
8-10 kleine Maiskolben
Petersilie (zum Garnieren)

Portionen: 4	
Vorbereitungszeit: 20′+4h	
Kochzeit: 40′	
Schwierigkeitsgrad: ●	
Geschmacksrichtung: ●●●	
Kalorien (pro Portion): 424	
Proteine (pro Portion): 48	
Lipide (pro Portion): 19	
Nährwert: ●●	

Die Koteletts 4 Stunden vorher zum Entsalzen in lauwarmes Wasser legen (dies ist natürlich nicht erforderlich, wenn ungepökelte Koteletts verwendet werden). Dann zusammen mit den gewaschenen Maiskolben in eine Kasserolle legen und gut mit Wasser bedeckt zum Kochen bringen (bei ungepökelten Koteletts etwas salzen). Den Topf zudecken und weiterköcheln lassen, bis das Fleisch gar ist (etwa 1/2 Stunde). Dann Fleisch und Maiskolben herausnehmen, abtropfen lassen und auf einer Platte anrichten, indem man die Koteletts einzeln auflegt und die in Scheiben geschnittenen Maiskolben dazwischen verteilt. Das Gericht mit fein gehackter Petersilie bestreut servieren.

Conejo en salmorejo

Mariniertes Kaninchen vom Grill

1 Kaninchen (küchenfertig ca. 1,2 kg)
2 große Knoblauchknollen
Pimentón dulce (s.S. 12)
Kreuzkümmel
Trockener Weißwein
Weißweinessig
Papas arrugadas (Runzelkartoffeln, s.S. 75, als Beilage)
Salz und schwarze Pfefferkörner
Olivenöl

Portionen: 4	
Vorbereitungszeit: 20′+8h	
Kochzeit: 15′	
Schwierigkeitsgrad: ●	
Geschmacksrichtung: ●●●	
Kalorien (pro Portion): 424	
Proteine (pro Portion): 48	
Lipide (pro Portion): 19	
Nährwert: ●●	

Die geschälten Knoblauchzehen zusammem mit 6 Pfefferkörnern, 1 TL Salz und 1/2 TL Kreuzkümmel im Mörser zerstoßen (oder im Mixer pürieren). Nun die in eine geräumige Schüssel umgefüllte Paste unter vorsichtiger Zugabe von 12 EL Öl, 3 EL Essig, 3 EL *pimentón* und 1 Glas Wein glatt rühren. Das Kaninchen waschen, sorgfältig trockentupfen und in ein Dutzend Stücke zerteilen (den Kopf entfernen). Die Teile in die Marinade legen und zugedeckt an einem kühlen Ort unter zeitweiligem Wenden 8 Stunden marinieren. Danach das Fleisch über glühender (jedoch nicht brennender) Holzkohle bei nicht zu großer Hitze 10-12 Minuten grillen, wobei die Stücke etwa alle 3 Minuten gewendet und mit der Marinade bestrichen werden müssen. Dieses klassische kanarische Gericht wird mit reichlich *papas arrugadas* gereicht.

Conejo al Hinojo

Kaninchen mit wildem Fenchelkraut

1

3

2

4

1 Kaninchen (küchenfertig ca. 1,2 kg), mit der Leber
1 Zwiebel
4 Knoblauchzehen
1 Gemüsepaprika
2-3 reife Tomaten
Wildes Fenchelkraut (ein Sträußchen der grünen Spitzen)
Lorbeer
Pimentón fuerte (s.S. 12)
Trockener Weißwein
Salz
Olivenöl

Portionen:	4
Vorbereitungszeit:	20′
Kochzeit:	1h
Schwierigkeitsgrad:	●●
Geschmacksrichtung:	●●●
Kalorien (pro Portion):	434
Proteine (pro Portion):	46
Lipide (pro Portion):	18
Nährwert:	●●

1 Das Kaninchen waschen, sorgfältig trockentupfen und in 10-12 Stücke zerteilen (den Kopf entfernen).
Das Gemüse vorbereiten: waschen, entkernen, Scheidewände entfernen und in kleine Stücke schneiden. Die Zwiebel schälen, grob würfeln und in einer Terrakotta-Kasserolle mit 5-6 EL Öl kurz anschwitzen, dann Tomaten und Gemüsepaprika dazugeben. Das Ganze auf kleinem Feuer aufkochen und nach 10 Minuten den geschälten Knoblauch hinzufügen.

2 Wenn der Knoblauch Farbe anzunehmen beginnt, die Kaninchenteile mit der Leber sowie ein Lorbeerblatt und 1 TL *pimentón* dazugeben. Das Fleisch bei starker Hitze rundum gleichmäßig anbraten.

3 Mit einem Glas Weißwein ablöschen, den Wein einkochen lassen, mit Salz abschmecken und Fenchelkrautspitzen hineinstreuen.

4 Nun heißes Wasser zugießen, bis das Fleisch fast bedeckt ist, dann die Kasserolle zugedeckt zum Kochen bringen. Den Schaum abschöpfen, das Feuer auf kleine Flamme stellen und das Gericht zugedeckt etwa 40 Minuten schmoren lassen (ggf. auch noch einmal mit Salz abschmecken). Für die letzten 5-6 Minuten den Deckel abnehmen, damit die Sauce - die dann getrennt zum Fleisch gereicht wird - noch etwas eindicken kann.

Eleganter Pavillon im Park San Telmo von Las Palmas

Conejo en salsa herreña

Kaninchen in Sauce à la El Hierro ▶

Das Brot eine halbe Stunde vorher in wenig kaltem Wasser einweichen. Das Kaninchen waschen, sorgfältig trockentupfen und in 10-12 Stücke zerlegen (den Kopf entfernen). Die Teile in einer mit Öl ausgeschwenkten Pfanne bei kräftiger Hitze gleichmäßig goldbraun braten. Die Fleischstücke aus der Pfanne nehmen, leicht salzen und warm stellen.
Die Knoblauchzehen schälen und mit dem ausgedrückten, zerbröselten Brot, 1 EL *pimentón* und einem Lorbeerblatt im Mörser zerstoßen (oder im Mixer pürieren). Nun die in ein Schüsselchen umgefüllte Paste mit einem Glas Wein und 6 EL Öl verrühren und die Blättchen von je einem Zweiglein Oregano und Thymian untermischen. Schließlich genügend Wasser in das Ganze einrühren, bis eine glatte - aber nicht zu flüssige - Sauce entstanden ist.
Die Kaninchenstücke in eine Terrakotta-Kasserolle legen, mit der Sauce übergießen und alles langsam zum Kochen bringen. Das Gericht etwa 40 Minuten zugedeckt köcheln lassen; während der letzten 10 Minuten jedoch ohne Deckel, damit die Sauce noch etwas eindicken kann. Zwischendurch ggf. noch einmal mit Salz abschmecken. Die Kaninchenteile mit Lorbeerblättern und Blättchen von Oregano und Thymian garniert auftragen.

Cazuela de gallina

Huhn mit Kichererbsen und Gemüse

- 1 Jungmasthuhn (küchenfertig ca. 1,5 kg)
- 350 g Kichererbsen
- Ein Dutzend *papas nuevas* (kleine Frühkartoffeln)
- 2 schöne reife Tomaten
- 1 Zwiebel
- Safranfäden
- Salz und Pfefferkörner
- 20 g Schmalz

Portionen: 6
Vorbereitungszeit: 15'+4h
Kochzeit: 2h20'+15'
Schwierigkeitsgrad: ●
Geschmacksrichtung: ●●
Kalorien (pro Portion): 804
Proteine (pro Portion): 53
Lipide (pro Portion): 44
Nährwert: ●●●

Die Kichererbsen 4 Stunden vorher in kaltem Wasser einweichen (wegen der langen Kochzeit des Gerichts reicht dies aus). Zu gegebener Zeit das gerupfte, ausgenommene, abgesengte und gewaschene Huhn mit den abgegossenen Kichererbsen (die bei diesem traditionellen Gericht in einem Netz gekocht werden sollten) und 4 Pfefferkörnern mit reichlich kaltem Wasser in einem Topf aufsetzen und zugedeckt auf kleiner Flamme zum Kochen bringen. Nun die fein gewürfelte Zwiebel in einer Pfanne mit dem Schmalz anschwitzen, die gewaschenen, entkernten und sehr klein geschnittenen Tomaten dazugeben und etwa 10 Minuten bei niedriger Hitze angehen lassen. Den Pfanneninhalt zum kochenden Huhn geben, den Topf wieder zudecken und das Huhn weitere 2 Stunden köcheln. Etwa 20 Minuten vor Ende der Garzeit die *papas* sowie einige Safranfäden hinzufügen und zum Schluss mit Salz abschmecken. Das Gericht vom Herd nehmen und zugedeckt eine Viertelstunde ziehen lassen. Das Huhn wird dann zerteilt und mit den Kichererbsen und den Kartoffeln angerichtet aufgetragen. Die Brühe kann man für eine Suppe oder für andere Speisen verwenden.

1 Kaninchen (küchenfertig ca. 1,2 kg), mit der Leber 2 Scheiben hausgebackenes Brot ohne Rinde, altbacken 1 Knoblauchknolle *Pimentón fuerte* (s.S. 12)	Lorbeer, Oregano, Thymian (auch zum Garnieren) Rotwein (s. ganz rechts) Salz Olivenöl	**Portionen: 4** **Vorbereitungszeit: 20'+30'** **Kochzeit: 50'** **Schwierigkeitsgrad: ●●** **Geschmacksrichtung: ●●●** **Kalorien (pro Portion): 533** **Proteine (pro Portion): 52** **Lipide (pro Portion): 19** **Nährwert: ●●**

Zu dieser Spezialität der Insel El Hierro wird der kräftige Inselwein Parreño empfohlen. Als Alternative kommt auch anderer Rotwein in Frage, der jedoch jedenfalls robust und schwer sein sollte.

GALLINA A LA CAITRACA

Huhn aus der Kasserolle

1

2

3

4

1 Die Brühe in einer Kasserolle aufsetzen und zum Kochen bringen; dann das gerupfte, ausgenommene, abgesengte und gewaschene Huhn hineinlegen und unter zeitweiligem Umwenden in der Flüssigkeit sieden. Nach etwa 20 Minuten das Huhn herausnehmen und abtropfen lassen; die Brühe warm stellen.

2 Das Huhn in eine geräumige, hohe Kasserolle (möglichst aus Terrakotta) legen und 10 Minuten im zerlassenen Schmalz rundum gleichmäßig goldbraun anbraten.

3 Mit 2 Gläsern Wein ablöschen, die geschälten Knoblauchzehen, die Semmelbrösel, eine Handvoll Petersilie, 2 Lorbeerblätter, den Zimt und etwa 10 Pfefferkörner dazugeben und mit Salz abschmecken. Die Kasserolle zudecken, langsam zum Kochen bringen und 1 1/2 Stunden schmoren lassen (falls erforderlich, von Zeit zu Zeit etwas filtrierte Brühe zugießen). Zum Schluss das Huhn aus dem Topf nehmen, in ein Dutzend Stücke zerlegen und auf einer Platte warm stellen.

4 Den Schmorfond in der Kasserolle mit 3 Schöpflöffeln der warm gestellten Brühe auf kleiner Flamme vorsichtig verrühren, dann langsam auf die Hälfte der anfänglichen Flüssigkeitsmenge einkochen und schließlich die fertige Sauce auf die Hühnerstücke verteilen; mit Lorbeer- und Petersilienblättern garnieren. In Ermangelung der würzigen *puchero*-Brühe kann man Gemüsebrühe verwenden; die Semmelbrösel können durch zerbröckelten Zwieback ersetzt werden.

1 Jungmasthuhn (küchenfertig ca. 1,5 kg) 1 l ca. filtrierte Brühe vom *puchero* (s.S. 23) 1 Knoblauchknolle Lorbeer und Petersilie (auch zum Garnieren) Zimt (eine Messerspitze)	40 g Semmelbrösel Trockener Weißwein Salz und Pfefferkörner 60 g Schmalz	**Portionen: 6** **Vorbereitungszeit: 10'** **Kochzeit: 2h15'** **Schwierigkeitsgrad: ●** **Geschmacksrichtung: ●●** **Kalorien (pro Portion): 730** **Proteine (pro Portion): 41** **Lipide (pro Portion): 51** **Nährwert: ●●●**

Pollo embarrado

Mit Kräutern gebeiztes Schmorhuhn ▶

1 Poularde (küchenfertig ca. 1,2 kg)
1 Knoblauchknolle
Kreuzkümmel
Pimentón dulce (s.S. 12)
Gekochte, mit gehackter Petersilie bestreute Kartoffeln (als Beilage)
Trockener Weißwein
Essig
Grobes Salz
Olivenöl

Portionen: 4
Vorbereitungszeit: 15'+1h
Kochzeit: 40'
Schwierigkeitsgrad: ●●
Geschmacksrichtung: ●●
Kalorien (pro Portion): 843
Proteine (pro Portion): 46
Lipide (pro Portion): 52
Nährwert: ●●

1 Das Huhn muss wie üblich gerupft, ausgenommen, abgesengt, gewaschen und trocken getupft sein. Die geschälten Knoblauchzehen mit einer kleinen Handvoll grobem Salz, 2 EL *pimentón* und 3 TL Kreuzkümmel im Mörser zerstoßen. Die erhaltene Paste in ein Schüsselchen umfüllen und vorsichtig mit 1/2 Glas Essig und einigen Tropfen Wein verrühren. Das Huhn innen und außen mit dieser Paste einreiben und dann eine Stunde ruhen lassen.

2 Nun das Huhn in 10-12 Stücke zerlegen und mit 5-6 EL Öl in einer Terrakotta-Kasserolle rundum gleichmäßig goldbraun anbraten. Mit einem Glas Wein ablöschen und das Huhn zugedeckt auf kleiner Flamme 35 Minuten schmoren lassen. Während des Schmorens darauf achten, dass die Schmorflüssigkeit nicht gänzlich verdampft; ggf. jeweils ein wenig heißes Wasser zugießen. Zum Schluss nochmals mit Salz abschmecken und das Huhn mit dem Schmorfond beträufelt und mit einer Beilage von gekochten, mit gehackter Petersilie bestreuten Kartoffeln heiß servieren.

Las Carajacas

Kalbsleber in Brotsauce

600 g Kalbsleber in Scheiben
4 Knoblauchzehen
4 Scheiben frisches hausbackenes Brot ohne Rinde
3 rote (scharfe) Chilischoten
Rotweinessig
Papas arrugadas (Runzelkartoffeln, s.S. 75, als Beilage)
Salz

Für den mojo:
1 Knoblauchknolle
Kreuzkümmel
Petersilie
Salz
Olivenöl

Portionen: 4
Vorbereitungszeit: 25'+3h
Kochzeit: 10'
Schwierigkeitsgrad: ●●
Geschmacksrichtung: ●●●
Kalorien (pro Portion): 360
Proteine (pro Portion): 22
Lipide (pro Portion): 15
Nährwert: ●

Für den *mojo* die Zehen der Knoblauchknolle schälen und mit einer Handvoll Petersilie und 1/2 TL Kreuzkümmel im Mörser zerstoßen (im Mixer pürieren). Die Paste in ein Schüsselchen umfüllen und mit 1/2 Becher Öl und einer Prise Salz glatt rühren. Die Leberscheiben einzeln in eine große Schüssel legen (nicht übereinander) und den *mojo* gleichmäßig darüber verteilen. Die Schüssel zugedeckt 3 Stunden in den Kühlschrank stellen - in diesem Zeitraum die Leberscheiben 2-3 Mal wenden. Danach die Scheiben in einer Pfanne über lebhaftem Feuer 1 Minute pro Seite ohne Zugabe von Fett (es genügt das Öl vom *mojo*) braten. Die Pfanne vom Feuer nehmen, die Leber in Streifen schneiden, in die Pfanne zurückgeben und warm halten. In einer zweiten Pfanne 1/2 Becher Öl erhitzen und die geschälten restlichen Knoblauchzehen mit dem zerbröselten Brot goldbraun anbraten; nach 4 Minuten den Knoblauch mit einem Schaumlöffel herausnehmen, abtropfen lassen (das Öl bleibt in der Pfanne) und zusammen mit den geputzten und zerkleinerten Chilischoten im Mörser zerstoßen (im Mixer pürieren). Die Paste in die zweite Pfanne zurückgeben und mit 3 EL Essig und genügend Wasser zu einer relativ dicken Sauce verrühren, die über die Leberstreifen verteilt wird. Das Gericht langsam wieder zum Kochen bringen, mit Salz abschmecken und mit *papas arrugadas* sofort servieren.

1

2

Ropa vieja canaria

Kanarischer Fleischtopf mit Hülsenfrüchten und Gemüse

250 g knochenloses gekochtes / gebratenes Rindfleisch (mögl. Reste vom Vortag)
250 g mageres, knochenloses gekochtes / gebratenes Schweinefleisch (mögl.Reste vom Vortag)
250 g getrocknete Kichererbsen
10 *papas* ca. (Kartoffeln, mittelgroß bis klein)
1 Zwiebel
1 reife Tomate
1 Gemüsepaprika, gelb
4 Knoblauchzehen
1 frische rote (scharfe) Chilischote
Lorbeer, Kreuzkümmel und Thymian
Trockener Weißwein
Schwarze und grüne Oliven, in Salzlake eingelegt (als Beilage)
Salz, Olivenöl

Portionen: 4
Vorbereitungszeit: 20'+6h
Kochzeit: 1h30'
Schwierigkeitsgrad: ●●
Geschmacksrichtung: ●●●
Kalorien (pro Portion): 516
Proteine (pro Portion): 38
Lipide (pro Portion): 17
Nährwert: ●●

1 Die Kichererbsen 6 Stunden vorher in kaltem Wasser einweichen. Zu gegebener Zeit das Gemüse waschen und putzen, d.h. Tomaten und Gemüsepaprika von Kernen und Scheidewänden befreien und die Kartoffeln schälen. Die Kichererbsen abgießen und zusammen mit dem gesamten Fleisch in eine geräumige Kasserolle geben (falls frisches Fleisch verwendet wird, muss man von jeder Sorte 50 g mehr nehmen). Das Ganze gut mit kaltem Wasser bedecken und mit Salz abschmecken. Die zugedeckte Kasserolle aufsetzen und zum Kochen bringen, dann 1 Stunde sanft köcheln lassen, bis die Kichererbsen 'al dente' sind. Fleisch und Kichererbsen mit dem Schaumlöffel herausnehmen und abkühlen lassen, die Brühe aufheben.

2 Die geschälte und fein gehackte Zwiebel mit 4 EL Öl in einer Terrakotta-Kasserolle angehen lassen, nach 2 Minuten die ungeschälten, unzerteilten Knoblauchzehen, ein Lorbeerblatt, die Blättchen eines Thymianzweigleins, eine Messerspitze Kreuzkümmel und die entkernte und fein gehackte Chilischote dazugeben. Nach weiteren 5 Minuten die klein geschnittene Tomate, den in Streifen geschnittenen Gemüsepaprika sowie ein Glas Wein hineinrühren und mit Salz abschmecken. Das Ganze unter Rühren 5 Minuten einkochen lassen.

3 Das in Streifen geschnittene Fleisch, die Kichererbsen und 2 Schöpflöffel der heißen Brühe dazugeben, aufkochen und dann 15 Minuten sanft weiterköcheln lassen (das Gericht soll relativ viel Brühe haben).

4 In der Zwischenzeit die Kartoffeln in einer mit Öl ausgeschwenkten Pfanne 5 Minuten lang rundherum goldbraun anbraten und 8 Minuten vor Ende der Garzeit in die Kasserolle geben. Das fertige Gericht mit Lorbeer, Petersilie und Thymian garnieren und mit einer Beilage von in Salzlake eingelegten Oliven sofort auftragen.

Der Name dieses Rezepts, "altes Zeug", verrät seine Herkunft, nämlich die Sitte der Resteverwertung (besonders der beim puchero anfallenden Reste); dieser Brauch gilt auch für viele andere traditionelle Gerichte. Mit demselben Namen - ropa vieja - wird auf der Iberischen Halbinsel ein Gericht aus Auberginen bezeichnet, für das ebenfalls Reste verwendet werden. In diesem Fall verwertet man vorher gekochte Kichererbsen (oder die vom puchero, s.S. 22, übrig gebliebenen Bohnen), die dem bereits 40 Minuten lang vorgekochten Fleisch beifügt werden, um das Gericht dann weitere 20 Minuten lang zu Ende zu kochen. Manchmal gibt man auch eine Süßkartoffel (s.S. 82) hinzu.

1

2

3

4

SOLOMILLO AL PLÁTANO CANARIO

Rinderfilet mit Bananen nach kanarischer Art

1 Das Gemüse waschen, putzen und/oder schälen, die Tomaten von den Kernen befreien. Das Filet falls erforderlich mit Küchengarn zusammenbinden (damit es seine Form behält), leicht salzen und pfeffern. Einen Bräter aus Porzellan oder Terrakotta mit Schmalz (30 g) ausfetten, das Filet hineinlegen und unter mehrmaligem Wenden etwa 10 Minuten im auf 240° C vorgeheizten Backofen rundum anbraten.

2 Den Bräter aus dem Ofen nehmen, die in dünne Scheiben geschnittene Zwiebel und Möhre, die in Schnitze zerteilten Tomaten, die Scheiben zweier Bananen, ein Lorbeerblatt und ein Thymianzweiglein zum Fleisch geben. Die Hitze auf 200° C reduzieren, den Bräter in den Backofen zurückschieben und das Fleisch unter gelegentlichem Beträufeln mit etwas Wein in einer weiteren halben Stunde fertig braten.

3 Den Bräter herausnehmen und das Filet auf einer Platte abkühlen lassen, vom Garn befreien und in Scheiben schneiden. Den Bratensatz mit allen festen Bestandteilen in eine kleine Kasserolle umfüllen, bei niedriger Hitze langsam zum Kochen bringen, drei Minuten köcheln lassen und dann durch ein feines Sieb gießen, um die festen Bestandteile zu entfernen.

4 Die filtrierte Bratensauce in die Kasserolle zurückgießen, die Scheiben der beiden anderen Bananen, Salz, Pfeffer und das restliche Schmalz dazugeben und das Ganze bei schwacher Hitze durchziehen lassen. Die Sauce wird getrennt zu dem mit gedämpftem Reis angerichteten Filet serviert.

1

2

3

4

700 g Jungochsenfilet (ein schönes Mittelstück)
4 (nicht zu) reife Bananen
1 Zwiebel
1 Möhre
2 Tomaten
Lorbeer und Thymian
200 ml Rotwein
200 g gedämpfter Reis (bereits fertig, als Beilage)
Salz und Pfeffer
50 g Schmalz

Portionen: 4
Vorbereitungszeit: 25′
Kochzeit: 1h
Schwierigkeitsgrad: ●●●
Geschmacksrichtung: ●●
Kalorien (pro Portion): 705
Proteine (pro Portion): 42
Lipide (pro Portion): 16
Nährwert: ●●●

Der Fisch

Die mit einheimischen und wandernden Fischarten reich bevölkterten Gewässer der Kanaren waren für die Küche des Archipels schon immer eine unerschöpfliche Vorratskammer. Man findet hier Fisch, der auch in anderen Gebieten des Atlantiks und des Mittelmeers vorkommt, wie z.B. Meeräschen, Meeraal, Seehecht, Muräne, Goldbrasse, Wolfsbarsch und Seezunge; weiterhin Sardellen, Schwertfisch, Sardinen und Makrelen, sowie Thunfisch und ähnliche Arten unter den Blaufischen (z.B. den Bonito), nicht zu vergessen delikate Kraken und vorzügliche Kalmare. Außer den genannten gibt es jedoch auch ganz besondere Arten, wie man ähnliche aber auch auf unseren Märkten findet; in anderen Fällen ist jedoch nur der Name typisch kanarisch.

Wir wollen uns vor allem den Arten widmen, die in unseren Rezepten vorkommen und die zu den populärsten Fischen der Inseln gehören, sei es nun frischer - oder besser gesagt fangfrischer Fisch, zur Freude dessen, der in seinen Genuß kommt - oder auch konservierter.

Mit dem Namen cherne (Großer Zackenbarsch) bezeichnet man auf den Kanaren einen Zackenbarsch, der unserem Wrack- oder Riffbarsch verwandt ist, dem über Felsriffen lebenden polyprion americanus; in Kontinentalspanien (auf den Inseln heißt es kurz: la peninsula - die Halbinsel) wird er cherna genannt. Falls kein cherne erhältlich ist, können Filets von anderem barschartigem Fisch verwendet werden, aber auch Heilbutt, Seehecht oder anderer Weißfisch. Auf den Kanaren wird die cherne, wie auch anderer vielgefangener Fisch mit hoher Nachfrage, häufig in Salz eingelegt und verwandelt sich damit zum wichtigsten Bestandteil des sancocho (s.S. 66).

Der guelde, auch longoron oder guerde genannt, ist ein zart schmeckender kleiner Fisch aus dem Atlantik (atherina presbyter - Ährenfisch), den die Kontinentalspanier pejerrey nennen. Bei uns kann er durch kleine (!) Gemeine Hechtdorsche, Seehechte, Hochsee-Meeräsche oder andere Weißfischarten ersetzt werden.

Die bekannte sama, auch sama dorada oder sama de ley genannt, ist nichts anderes als unsere Zahnbrasse (dentex dentex), in Spanien dentón genannt. Sie lebt ebenso wie der besugo (pagellus acarne, im Spanischen aligote - Seebrasse) über sandigem Felsgrund. Zur Familie der Brassen gehören auch der bocinegro (sparus pagrus pagrus, in Spanien pargo genannt - Sackbrasse); die breca oder pagel (pagellus erythrinus - Rotbrasse); die corvina blanca (argyrosomus regius - Adlerfisch genannt und mit der corvina - Meerrabe verwandt); die chopa (spondyliosoma cantharus - Brandbrasse); die herrera (lithognatus mormyrus, deren Fleisch dem der Marmorbrasse ähnelt). Die sama de pluma (dentex filosus oder gibbosus), aus der Familie der hochgeschätzten Zahnbrasse, schmeckt gegrillt oder in Salzkruste gegart hervorragend; sie kann ohne weiteres durch den Zackenbarsch oder die Sackbrasse ersetzt werden, ebenso wie der antoñito oder dentón (dentex macrophthalmus, in Kontinentalspanien cachuco genannt), der ebenfalls zur Familie der Zahnbrassen gehört. Ein weiterer in den Gewässern und auf den Tafeln der Kanaren häufig anzutreffender Fisch ist der massige mero, ein 'schwarzer' Zackenbarsch (epinephelus guaza), der ebenso wie die von den Inselbewohnern vielleicht am höchsten geschätzte vieja (sparisoma cretense, in Spanien loro viejo - Papageienfisch genannt), über Felsboden lebt; sie lässt sich bei uns durch Seebarsch, Rotbrasse oder ähnliche Fischarten ersetzen.

Weitere über Felsriffen lebende Fischarten mit reichem Vorkommen sind die ahade oder abae (mycteroperca rubra, im Spanischen gitano); der alfonsiño (beryx splendens); die cabrilla (serranus atricauda, auf dem Kontinent serrano imperial - Sägebarsch); die catalufa (priacanthus cruentatus); die salema (sarpa sarpa - Goldstriemen); der sargo (diplodus sargus cadenati, im Mutterland sargo marroquí - Weiß- oder Geißbrasse, der wie auch der wegen seiner spitzen Schnauze sargo picudo genannte Fisch zur Familie der Meerbrassen gehört). Des Weiteren gibt es den rascacio oder cantarero (scorpaena scropha - Meersau, in Spanien auch cabracho genannt - Großer Roter Drachenkopf). Letzterer eignet sich, ebenso wie die boga (Gelbstrieme) und die jurel (pseudocarnix dentex, auch chicharro genannt, der jurel dentón des spanischen Festlands) hervorragend für Fischsuppen.

Zum Abschluss dieser Aufzählung soll der in kanarischer Sprache vielleicht kurioseste Begriff angeführt werden, nämlich tapaculo; mit ihm wird der bei uns Glattbutt, im Spanischen einfach podas genannte bothus podas maderensis bezeichnet.

Zum Schluss seien Fische angeführt, die vorwiegend über sandigen oder schlammigen Böden leben. Zu diesen gehören der angelote (sguatina spp.); der cazón (mustelus mustelus und galeorhinus gleus); der chucho (dasyatis pasticana); die raya (raja clavata oder im Mutterland raya de clavos, bei uns Dornrochen); die salmonetes, bei uns Meerbarben (mullus barbatus) genannt, von denen es aber auch um Felsenriffe lebende Arten gibt (wie den mullus surmuletus, im Spanischen salmonete de roca oder salmonete rayado - Streifenbarbe); und schließlich der torpedo (torpedo spp. - Torpedofisch oder Zitterrochen), sowie der kanarische Seehecht (mora moro).

Unter den beliebtesten Meeresgerichten der Kanaren darf auf keinen Fall die lapa - Schüsselschnecke - vergessen werden, ein der Napfschnecke ähnliches Weichtier mit Gehäuse; sie ist jedoch wesentlich größer als diese und dabei zart und schmackhaft. Ihr Lebensraum sind Klippen, an die sie sich anheftet. Man kann sie mit Knoblauch, Petersilie und Wein geschmort zubereiten, aber auch im Ofen braten, z.B. mit Semmelbröseln gefüllt. Abschließend wollen wir unter den Bewohnern der kanarischen Gewässer - auch wenn sie nicht in den Bereich des Essbaren gehört -, die tortuga boba genannte Schildkröte der Art caretta caretta erwähnen, die die Strände Teneriffas bevölkert. An der Südküste Teneriffas gibt es zudem eine Kolonie von calderones, d.h. Grind- oder Pilotwalen.

PESCADOS

Unter den vielfältigen gängigeren oder edleren - aber sämtlich frischen und appetitanregenden - Fischarten, die der blau schimmernde Ozean der kanarischen Tafel reich beschert, hat man eigentlich nur die Qual der Wahl: cherne, mero, sama, vieja, *etc. etc., ganz zu schweigen von den zarten Kalmaren und Kraken, alle sind sie - das muss unbedingt betont werden - in den mannigfaltigsten Saucen zubereitet einfach exquisit.*
Die Meeresgerichte der Kanaren, deren Geschmack durch einen der guten Weißweine des Archipels noch unterstrichen wird, sind - wie alle anderen Inselgerichte auch - natürlich und schlicht. Sie bestehen aus einfachen, allen vertrauten Zutaten, sind bar jeglicher Effekthascherei, doch immer ein Wunderwerk an Gaumenfreude. An Bekanntheit und Traditionsverhaftung steht jedoch allen der berühmte sancocho *voran, der sämtliche Zutaten und typischen Zubereitungsarten der kanarischen Küche in sich vereint. In den folgenden Rezepten (wie auch auf der gegenüberliegenden Seite) sind Alternativen für evtl. in Mitteleuropa nicht erhältliche Fischarten angegeben.*

4

ALBÓNDIGAS DE PESCADO

Fischklößchen

1 Den halben Gemüsepaprika waschen, trocknen, von Kernen und Scheidewänden befreien, auf dem Grill im Backofen rösten, häuten, in Streifen schneiden und im Mörser pürieren. Die Fischfilets in reichlich kochendem, wenig gesalzenem Wasser kurz brühen, dann herausheben, abtropfen lassen und im Mixer pürieren; die Fischmasse in eine Schüssel umfüllen.

2 Die Zwiebeln schälen, fein hacken, in einer Pfanne mit 3 EL Olivenöl anschwitzen und dann gut abgetropft mit der Paprikapaste, einer Handvoll gehackter Petersilie und dem zerquirlten Ei zusammen mit der Fischmasse zu einem Teig verrühren, in den schließlich noch der Saft einer Zitrone, 4 EL Tomatenpüree, 1 TL *pimentón*, 4 EL Semmelbrösel und eine Prise Salz eingearbeitet werden.

3 Den Teig ca. 10 Minuten ruhen lassen, dann etwa kirschgroße Bällchen daraus formen, die in den restlichen Semmelbröseln gewälzt und dann (in nicht zu großen Mengen!) in siedendem Öl schwimmend ausgebacken werden. Sobald die Klößchen goldbraun werden, mit dem Schaumlöffel herausheben, auf Küchenpapier entfetten und leicht mit Salz bestreuen.

4 Das restliche Tomatenpüree, mit etwas heißem Wasser, 3 EL Olivenöl und 1/2 Glas Wein verdünnt, zusammen mit einem Lorbeerblatt, den Blättchen eines Thymianzweigleins und der geputzten, fein gehackten Chilischote in einem Topf kurz aufkochen, dann die Klößchen in die Sauce legen und unter zeitweiligem Wenden bei schwacher Hitze 6-7 Minuten ziehen lassen. Die Klößchen mit Zitronenschnitzen und Petersilienspitzen garniert servieren. Als Beilage werden die mit gehackter Petersilie bestreuten, gekochten *papas* gereicht.

- 600 g Filets von der *sama* (Zahnbrasse - Alternative: *cherne*, *mero*, oder ähnlicher Weißfisch, s.S. 50)
- 2 Zwiebeln
- 1/2 Gemüsepaprika
- 1 Ei
- 300 g Tomatenpüree
- 2 Zitronen (eine davon zum Garnieren)
- 1 frische rote (scharfe) Chilischote
- *Pimentón dulce* (s.S. 12)
- Petersilie (auch zum Garnieren)
- Lorbeer und Thymian
- 60 g Semmelbrösel
- Trockener Weißwein
- Gekochte *papas* (Kartoffeln, mittelgroß bis klein, als Beilage)
- Salz
- Olivenöl
- Frittieröl

Portionen: 4
Vorbereitungszeit: 30'+10'
Kochzeit: 40'
Schwierigkeitsgrad: ●●
Geschmacksrichtung: ●●●
Kalorien (pro Portion): 624
Proteine (pro Portion): 31
Lipide (pro Portion): 36
Nährwert: ●●●

1

2

3

4

700 g frischer Thunfisch, am Stück
1 Knoblauchknolle
Pimentón dulce (s.S. 12)
1 frische rote (scharfe) Chilischote
Lorbeer, Oregano und Thymian (auch zum Garnieren)
Petersilie (zum Garnieren)
Pommes frites (als Beilage)
Weißweinessig
Salz
Olivenöl

Portionen: 4
Vorbereitungszeit: 20'+24h
Kochzeit: 20'
Schwierigkeitsgrad: ●●
Geschmacksrichtung: ●●●
Kalorien (pro Portion): 295
Proteine (pro Portion): 37
Lipide (pro Portion): 15
Nährwert: ●

ATÚN EN ADOBO

Gebratener marinierter Thunfisch ▶

Der Thunfisch muss gehäutet und vom zentralen Knochen befreit sein. In Filets schneiden (oder auch in gleichmäßige, nicht zu kleine Streifen) und nebeneinander (nicht übereinander!) in eine Schüssel legen. Für die Marinade die Knoblauchzehen schälen und im Mörser zerstoßen (oder im Mixer pürieren). Die erhaltene Paste in eine Schüssel umfüllen und mit der entkernten und klein gehackten Chilischote, 1 TL *pimentón* und 1/2 Becher Öl glatt rühren. Schließlich noch ein paar Tropfen Essig, ein zerkleinertes Lorbeerblatt, die Blättchen eines Thymianzweigleins, eine Prise Oregano und Salz hineinmischen. Die Masse auf die Thunfischfilets verteilen und den Fisch zugedeckt mindestens 24 Stunden lang im Kühlschrank marinieren. Zu gegebener Zeit die Filets in einer Pfanne mit 4 EL Öl und 1-2 EL der Marinade braten. Sobald die Filets goldbraun sind, jeweils aus der Pfanne heben, abtropfen lassen und auf Küchenpapier entfetten. Den Fisch auf einer Platte anrichten und mit dem Rest der inzwischen in einer kleinen Kasserolle bis kurz vor den Siedepunkt erhitzten Marinade übergießen. Mit Lorbeer und Petersilie garniert und mit Streichholz-Pommes frites als Beilage servieren.

800 g Meeraal (s.S. 50), in Stücken
Ein Dutzend *papas* (Kartoffeln, klein)
200 g *gofio de trigo* (s.S. 15)
4 Knoblauchzehen
Pimentón fuerte (s.S. 12)
Mojo verde (s.S. 14), nach Geschmack
Safran (1 Tütchen)
Salz und Pfefferkörner
Olivenöl

Portionen: 4
Vorbereitungszeit: 20'
Kochzeit: 20'
Schwierigkeitsgrad: ●●
Geschmacksrichtung: ●●
Kalorien (pro Portion): 607
Proteine (pro Portion): 44
Lipide (pro Portion): 17
Nährwert: ●●

CONGRIO CON ESCALDÓN

Meeraal auf Weizen-*gofio*

Die geschälten (oder einfach nur gut gewaschenen, wenn sie klein genug sind) *papas* in einem Topf mit 1 1/2 l heißem Wasser, dem geschälten Knoblauch, 1/2 TL *pimentón*, einer Prise Salz, 6 Pfefferkörnern und 3 EL Öl zum Kochen bringen und zugedeckt 10 Minuten köcheln lassen. Den vorbereiteten (geputzten) Aal mit dem Safran auf die Kartoffeln legen und im wieder zugedeckten Topf 10 Minuten dünsten. Vom Feuer nehmen, Fisch und Kartoffeln herausheben und warm stellen. Die Brühe filtrieren und am Sieden halten. Den *gofio* in eine geräumige Schüssel geben und unter Rühren heiße Brühe zugießen, bis ein dickflüssiger Brei entstanden ist (die restliche Brühe für andere Gerichte aufheben). Diesen *escaldón* in bereitgestellte Teller verteilen, etwas *mojo* darüber gießen und zusammen mit dem Fisch und den Kartoffeln auftragen. Getrennt noch weiteren *mojo* servieren, mit dem jeder nach Wunsch nachwürzen kann. Dies schmackhafte, leichte Gericht ist auch mit anderen Sorten von Weißfisch hervorragend. Mit mehr *gofio* und weniger Wasser wird die *pella*, d.h. eine Kugel aus *gofio amasado* (*gofio*-Teig) zubereitet, die man in Schnitze aufgeteilt mit *mojo* verzehrt.

1
2
3
4

Calamares a lo Nina

Kalmare mit Zwiebeln und Tomaten

1 Zwiebeln und Knoblauchzehen schälen, die Tomaten waschen und entkernen. Die Kalmare häuten und Eingeweide sowie Tintenbeutel herauslösen. Unter fließendem kaltem Wasser gründlich waschen, trockentupfen und in nicht zu kleine Stücke schneiden.

2 In eine Kasserolle (möglichst aus Terrakotta, mit gut schließendem Deckel) eine Schicht Kalmarstücke, dann eine Schicht von Zwiebelringen und Knoblauch in dünnen Scheibchen und als nächste eine Schicht horizontal in recht dünne Scheiben geschnittener Tomaten einlegen.

3 Etwas Salz und Pfeffer darüber streuen und weitere Schichten in der obigen Reihenfolge bilden, bis die Zutaten aufgebraucht sind (nach der dritten Schicht jeweils mit Salz und Pfeffer würzen). Auf die oberste Schicht ein paar Lorbeerblätter sowie einige Tropfen Essig und 8 EL Öl verteilen.

4 Die Kasserolle zudecken, bei schwacher Hitze aufsetzen und die Temperatur langsam steigern, bis der Inhalt kocht; es braucht kein Wasser zugegeben zu werden. 40 Minuten sacht schmoren, mit Salz und Pfeffer abschmecken, mit etwas Semmelbröseln und gehackter Petersilie bestreuen und offen bei mittlerer Hitze 5 Minuten etwas einkochen lassen. Das fertige Gericht sofort auftragen.

1 kg Kalmare (mittelgroß)
4 reife Tomaten (mittelgroß)
2 Zwiebeln
3 Knoblauchzehen
Lorbeer und Petersilie
30 g Semmelbrösel
Weißweinessig
Salz und Pfeffer
Olivenöl

Portionen: 4
Vorbereitungszeit: 25′
Kochzeit: 50′
Schwierigkeitsgrad: ●●
Geschmacksrichtung: ●●
Kalorien (pro Portion): 354
Proteine (pro Portion): 33
Lipide (pro Portion): 14
Nährwert: ●

Sporthafen bei Los Gigantes auf Teneriffa

CALAMARES RELLENOS

Gefüllte Kalmare

1 Gemüsepaprika waschen, trockentupfen und auf dem Grill im Backofen rösten; dann häuten, Kerne und Scheidewände entfernen, die Schote klein schneiden, im Mörser pürieren und die erhaltene Paste beiseite stellen. Die Kalmare von den nicht essbaren Teilen (Knorpel, Eingeweide, Augen und Kauwerkzeuge) befreien, dann gründlich waschen, häuten und trockentupfen. Die seitlichen Flossen vorsichtig vom Kalmarbeutel abschneiden und zusammen mit den Tentakeln fein würfeln.

1

2 Knoblauch und Zwiebeln schälen, klein hacken und in einer Schüssel mit der Paprikapaste, den fein gewürfelten Kalmarflossen und -tentakeln, einer Handvoll gehackter Petersilie und einer Prise Salz und Pfeffer vermengen. Die Kalmarbeutel nun mit dieser Farce füllen (jedoch etwas davon übrig lassen), die Beutel mit Zahnstochern verschließen und mit etwas Mehl bestäuben.

2

3 Die übrig gelassene Farce zusammen mit einem Lorbeerblatt, einigen Safranfäden, 1/2 Glas Wein und 6 EL Öl in einer großen Kasserolle (möglichst aus Terrakotta) verrühren und die gefüllten Kalmare in die Sauce legen (nicht übereinander!).

3

- 1 kg Kalmare (mittelgroß bis klein)
- 4 Zwiebeln (mittelgroß bis klein)
- 2 Gemüsepaprika
- 1 schöne große Knoblauchknolle
- Lorbeer und Petersilie (auch zum Garnieren)
- Safranfäden
- 25 g Mehl
- Trockener Weißwein
- Salz und Pfeffer
- Olivenöl

Portionen: 6
Vorbereitungszeit: 30′
Kochzeit: 45′
Schwierigkeitsgrad: ●●●
Geschmacksrichtung: ●●●
Kalorien (pro Portion): 317
Proteine (pro Portion): 23
Lipide (pro Portion): 13
Nährwert: ●

4 Die Kasserolle bei schwacher Hitze langsam zum Kochen bringen; nun den Deckel auflegen und 40 Minuten schmoren lassen. Das Gericht darf nicht anhängen; ggf. von Zeit zu Zeit ein wenig Wein zugießen. 5 Minuten vor Ende der Garzeit den Deckel abnehmen, um die Sauce noch etwas eindicken zu lassen. Den Herd abschalten, das Gericht etwas abkühlen lassen und mit ein paar Lorbeerblättern verziert und mit gehackter Petersilie bestreut auftragen.

4

Die weiß gekalkten Häuser der Hafenstadt Puerto Mogán auf Gran Canaria

1 kg ca. gemischter küchenfertiger Suppenfisch (*boga, cantarero, jurel, mero, merluza* oder dergleichen, s.S. 50)
2 Zwiebeln
3 reife Tomaten
2 Gemüsepaprika
4 Knoblauchzehen
Lorbeer, Petersilie, Thymian und Safran
Salz und frisch gemahlener Pfeffer
Essig
Olivenöl

Portionen: 4
Vorbereitungszeit: 20′
Kochzeit: 30′
Schwierigkeitsgrad: ●●
Geschmacksrichtung: ●●●
Kalorien (pro Portion): 323
Proteine (pro Portion): 41
Lipide (pro Portion): 13
Nährwert: ●

ENCEBOLLADO DE PESCADO

Fischtopf mit Gemüse

1

2

3

4

1 Der Fisch muss geschuppt, ausgenommen, gut gewaschen, trockengetupft und in Stücke geschnitten sein (Köpfe, Schwänze und Flossen entfernen). Das Ganze in einem mit leicht gesalzenem, kaltem Wasser gefüllten Topf langsam zum Kochen bringen. Nach 10 Minuten vom Feuer nehmen und abgießen.

2 Die Zwiebeln schälen, fein hacken und in einer Terrakotta-Kasserolle mit 5 EL Öl anschwitzen. Die gewaschenen, von Kernen und Scheidewänden befreiten und klein geschnittenen Gemüsepaprika zusammen mit einem Lorbeerblatt, einem Zweiglein Thymian, ein paar Stängeln Petersilie, einer Teelöffelspitze Safran und schließlich den gewaschenen, entkernten und klein geschnittenen Tomaten dazugeben.

3 Während die Tomaten sacht garziehen, den geschälten Knoblauch mit einer Prise Salz und frisch gemahlenem Pfeffer im Mörser zerstoßen und dann mit einem TL Essig verrühren. Die erhaltene Paste in die Kasserolle geben und die Sauce bei schwacher Hitze 2-3 Minuten unter Rühren ziehen lasen.

4 Nun die Fischstücke in die Sauce legen, das Ganze wieder zum Kochen bringen und das Gericht dann auf kleiner Flamme unter vorsichtigem Wenden 6 Minuten durchziehen lassen. Sofort servieren.

Mero a la naranja

Zackenbarschfilets in Orangensauce ▶

700 g Filets vom *mero* (s.S. 50)
2 Orangen
4 Knoblauchzehen
1 Zitrone
Petersilie (zum Garnieren)
2 g Safranfäden
10 g *gofio de millo* (s.S. 15)
Salz
Olivenöl

Portionen: 4
Vorbereitungszeit: 30′
Kochzeit: 20′
Schwierigkeitsgrad: ●●
Geschmacksrichtung: ●●●
Kalorien (pro Portion): 279
Proteine (pro Portion): 29
Lipide (pro Portion): 11
Nährwert: ●

Die Safranfäden in einer (trockenen) Pfanne rösten, zerkleinern und in einem Schüsselchen mit dem *gofio* vermischen; dann das Ganze mit ein paar Tropfen lauwarmem Wasser verrühren und ruhen lassen. Die Fischfilets leicht salzen und mit 6 EL Öl in einer Pfanne 2 Minuten pro Seite goldbraun braten, mit dem Schaumlöffel herausheben, auf Küchenpapier entfetten, schließlich nebeneinander in eine Kasserolle (möglichst aus Terrakotta) legen und warm halten. Den geschälten und fein gehackten Knoblauch in dem in der Pfanne verbliebenen Öl anschwitzen, dann das Ganze über den Fisch verteilen. Den Saft der Orangen sowie einer halben Zitrone hinzugeben und die Kasserolle zum Kochen bringen. Nach 5 Minuten den Inhalt des Schüsselchens (d.h. *gofio* und Safran) dazugeben und weitere 10 Minuten schmoren lassen. Mit Petersilienspitzen garniert auftragen.

Morena frita

Frittierte Muräne

800 g Muräne, in Stücken
25 g ca. *gofio de trigo* (s.S. 15)
1 Zitrone (zum Garnieren)
Korianderkraut (zum Garnieren)
Pommes frites (als Beilage)
Salz
Olivenöl

Portionen: 4
Vorbereitungszeit: 10′
Kochzeit: 20′
Schwierigkeitsgrad: ●
Geschmacksrichtung: ●●
Kalorien (pro Portion): 416
Proteine (pro Portion): 37
Lipide (pro Portion): 26
Nährwert: ●●●

Die Muräne sollte bereits vorbereitet (d.h. ausgenommen, gehäutet etc. etc.), dann gewaschen, trockengetupft und in nicht sehr dicke Stücke geschnitten sein, die dann in *gofio* (oder alternativ in Mehl) gewendet werden, bis sie rundum gleichmäßig mit *gofio* (Mehl) bedeckt sind. Die Muränenstücke in siedendem Öl schwimmend ausbacken und, sobald sie goldgelb sind, mit dem Schaumlöffel aus dem Fett heben und auf Küchenpapier entfetten. Leicht salzen und mit Zitronenscheiben und Korianderspitzen garniert mit einer Beilage von Pommes frites servieren.

Sind Sie an einem weiteren klassischen Muränen-Rezept interessiert? Die Fischstücke mit Olivenöl in einer Pfanne goldgelb braten, dann herausnehmen und in dem Öl einen in Ringe geschnittenen Gemüsepaprika sautieren. Die Muränenstücke in eine Kasserolle legen und mit zerbröseltem Brot (150 g), das vorher mit 3 EL Essig getränkt wurde, überstreuen; drei Schöpflöffel Fischfond zugießen und die Paprikaringe auf den Fisch legen. Das Gericht sachte zum Kochen bringen und etwa 10 Minuten schmoren lassen. Die Muräne mit* papas arrugadas *(Runzelkartoffeln, s.S. 75) als Beilage servieren.

PULPOS CANARIOS

Tintenfisch (Krake) nach kanarischer Art ▶

1

2

1 Die Tintenfische vorbereiten (Beutel vorsichtig umstülpen, Eingeweide herauslösen und Kauwerkzeuge sowie Augen entfernen), sorgfältig waschen und in kleine Würfel schneiden, die mit grobem Salz eingerieben werden. Den geschälten und in dünne Scheibchen geschnittenen Knoblauch, die geschälten und in Scheiben geschnittenen Zwiebeln und die vom Salz befreiten Tintenfischstücke in eine Kasserolle (möglichst aus Terrakotta) geben, das Ganze vollständig mit kaltem Wasser bedecken und einen guten EL Öl sowie 2 EL Essig hinzufügen.

2 Die Kasserolle auf schwacher Flamme zugedeckt langsam zum Kochen bringen; dann abschäumen und ein Glas Wein zugießen. Die Kasserolle wieder zugedeckt etwa eine Dreiviertelstunde sacht köcheln lassen. Den Herd abschalten und die Fleischstücke im Kochwasser langsam erkalten lassen. Zu diesem Zeitpunkt müssten sie vollkommen gar und zart sein. Die Brühe abgießen und den Tintenfisch mit reichlich gehackter Petersilie bestreut auf einem Bett gekochter, in Scheiben geschnittener Kartoffeln - oder besser noch von *papas arrugadas* - servieren.

SARDINAS CON TOMATE

Sardinen in Tomatensauce

- 1 kg ca. frische (fangfrische) Sardinen
- 3 reife Tomaten
- 1 kleine Zwiebel
- 2 Knoblauchzehen
- Trockener Weißwein
- Petersilie (zum Garnieren)
- Salz
- Olivenöl

Portionen: 4
Vorbereitungszeit: 20′
Kochzeit: 20′
Schwierigkeitsgrad: ●●
Geschmacksrichtung: ●●
Kalorien (pro Portion): 420
Proteine (pro Portion): 34
Lipide (pro Portion): 21
Nährwert: ●

Die Sardinen vorbereiten (Kopf und Eingeweide entfernen), unter fließendem kaltem Wasser waschen und trockentupfen. In einer Pfanne mit 6 EL Öl goldgelb braten (2 Minuten pro Seite), mit dem Schaumlöffel herausheben und warm stellen. Die zusammen mit dem Knoblauch fein gehackte Zwiebel in dem in der Pfanne verbliebenen Öl langsam anschwitzen, die gewaschenen, entkernten und sehr fein geschnittenen Tomaten hinzufügen und langsam andünsten. Nach etwa 10 Minuten die Sardinen und 1/2 Glas Wein dazugeben, das Ganze zum Kochen bringen und weitere 5 Minuten lebhaft kochen lassen. Das fertige Gericht mit gehackter Petersilie bestreut auftragen. Sardinen werden auf den Inseln auch paniert (oder einfach nur in Mehl gewälzt), knusprig ausgebacken und mit duftendem *mojo* gewürzt verzehrt.

1 kg Tintenfische (Kraken, mittelgroß bis klein)
2 Zwiebeln, mittelgroß
3 Knoblauchzehen
Petersilie
Trockener Weißwein
Grobes Salz
Essig, Olivenöl
Papas arrugadas (Runzelkartoffeln, s.S. 75, als Beilage)

Portionen: 4
Vorbereitungszeit: 20'

Kochzeit: 45'+20'
Schwierigkeitsgrad: ●●
Geschmacksrichtung: ●●
Kalorien (pro Portion): 308
Proteine (pro Portion): 28
Lipide (pro Portion): 2
Nährwert: ●

El Sancocho

Großer Zackenbarsch mit Kartoffeln und Sauce ▶

700 g Filets vom *cherne salado* (s.S. 50)
600 g *papas* (Kartoffeln, mittelgroß bis klein)
2 Knoblauchzehen (oder 1 kleine Zwiebel)

Für den mojo:
6-8 Knoblauchzehen
1 getrocknete rote Chilischote
Kreuzkümmel
Pimentón dulce (s.S. 12)
Salz
Essig

Portionen: 4-6
Vorbereitungszeit: 20'+24h
Kochzeit: 20'
Schwierigkeitsgrad: ●●
Geschmacksrichtung: ●●●
Kalorien (pro Portion): 208
Proteine (pro Portion): 26
Lipide (pro Portion): 1
Nährwert: ●

1 Der Fisch muss zum Entsalzen 24 Stunden gewässert werden, wobei das Wasser mehrmals zu wechseln ist. Die Kartoffeln schälen (neue Kartoffeln nur waschen), in Scheiben schneiden (sehr kleine Kartoffeln ganz lassen), mit reichlich kaltem Wasser in einer zugedeckten Kasserolle zum Kochen bringen und 10 Minuten köcheln lassen. Die rundherum von Gräten befreiten Fischfilets dazugeben und das Ganze bei verminderter Hitze weitere 10 Minuten kochen. Fisch und Kartoffeln herausheben, abtropfen lassen, auf einer Platte anrichten und warm halten; die Kochbrühe beiseite stellen.

2 Die geschälten Knoblauchzehen für den *mojo* mit einer Prise Salz, der entkernten und zerkleinerten Chilischote, einer Teelöffelspitze Kreuzkümmel und 1 EL *pimentón* im Mörser zerstoßen (oder im Mixer pürieren). Die erhaltene Paste in eine Schüssel umfüllen und mit 2 EL Essig verrühren. Dann 2-3 mit der Gabel zerquetschte Kartoffeln sowie genügend von der Kochbrühe unterrühren, bis eine cremige – jedoch nicht zu flüssige – Sauce entstanden ist. Die angerichteten Fischfilets und Kartoffeln mit der Sauce beträufeln und servieren; den restlichen *mojo* getrennt in einer Saucière auftragen.

Viejas enceboladas

Papageienfisch im Gemüsetopf

4 *viejas* (s.S. 50) in Portionsgröße (je ca. 250 g)
2 Zwiebeln
1 schöne reife Tomate
1 Gemüsepaprika, grün
3 Knoblauchzehen
Pimentón fuerte (s.S. 12)
Lorbeer, Petersilie und Thymian
20 g Semmelbrösel
Papas arrugadas (Runzelkartoffeln, s.S. 75, als Beilage)
Salz
Olivenöl

Portionen: 4
Vorbereitungszeit: 20'
Kochzeit: 30'
Schwierigkeitsgrad: ●●
Geschmacksrichtung: ●●●
Kalorien (pro Portion): 340
Proteine (pro Portion): 42
Lipide (pro Portion): 11
Nährwert: ●

Das Gemüse waschen und putzen. Die Fische sollten geschuppt, ausgenommen, sorgfältig gewaschen und trockengetupft sein. Sie werden mit 8 EL Öl in einer großen Pfanne 3 Minuten pro Seite angebraten, dann mit einem Schaumlöffel herausgenommen, abgetropft und warm gestellt. Die fein gehackten Zwiebeln im in der Pfanne verbliebenen Öl langsam anschwitzen, nach 5 Minuten den klein geschnittenen Gemüsepaprika sowie ein Lorbeerblatt, eine kleine Handvoll Petersilie und Thymian und schließlich die sehr klein geschnittene Tomate dazugeben und auf kleiner Flamme sacht garziehen lassen. In der Zwischenzeit den geschälten Knoblauch mit 1 TL *pimentón* im Mörser zerstoßen, dann die erhaltene Paste unter die Sauce rühren. Nach einigen Minuten die Fische zusammen mit den Semmelbröseln und einem Becher heißem Wasser dazugeben und mit Salz abschmecken. Die Pfanne zudecken, zum schwachen Kochen bringen und 7 Minuten sacht schmoren lassen. Das fertige Gericht mit *papas arrugadas* servieren.

Falls kein Salzfisch erhältlich ist, wie ihn die getreuen Hüter der traditionellen kanarischen Gastronomie für unerlässlich erachten, können auch Filets von frischem Weißfisch (z.B. Seebarsch, Zackenbarsch, Seehecht) verwendet werden, wobei mit dem Salz entsprechend zu verfahren ist. Wie bei allen klassischen Rezepten gibt es auch hier Varianten. Manche kochen den Fisch - mit Zwiebeln statt Knoblauch - getrennt von den Kartoffeln, die häufig auch mit batatas (s.S. 82) gemischt werden, wobei die Sorte amarilla besonders beliebt ist; oder man ergänzt den sancocho mit einer pella von mit der restlichen Kochbrühe angerührtem gofio (s.S. 15). Der mojo kann mit Petersilie und Öl angereichert werden.

1

2

Sama con berros

Geschmorte Zahnbrasse mit Brunnenkresse

1 *sama* (s.S. 50) von ca. 1 kg
150 g (1 Strauss) Brunnenkresse
1 Zwiebel
3 Knoblauchzehen
10 g Mehl
Trockener Weißwein
Papas arrugadas (Runzelkartoffeln, s.S. 75, als Beilage)
Salz und Pfeffer
Olivenöl

Portionen: 4
Vorbereitungszeit: 30′
Kochzeit: 30′
Schwierigkeitsgrad: ●
Geschmacksrichtung: ●●
Kalorien (pro Portion): 382
Proteine (pro Portion): 37
Lipide (pro Portion): 17
Nährwert: ●●

Der Fisch sollte ausgenommen, geschuppt und von Rücken- und Seitenflossen befreit sowie sorgfältig gewaschen und trockengetupft sein. Nun wird er in dicke Scheiben geschnitten (Kopf und Schwanz entfernen), leicht mit Salz bestreut sowie mit Mehl bestäubt und dann beiseite gestellt. Die Kresse waschen, trocknen und ziemlich fein schneiden. Knoblauch und Zwiebel schälen, hacken, in einer Pfanne mit 3 EL Öl anschwitzen und warm halten. Die Fischtranchen in einem großen Bräter nebeneinander gelegt in 5 EL Öl anbraten; nach 3 Minuten wenden, 1/2 Glas Wein angießen und bei lebhafter Hitze einkochen lassen. Den warm gestellten Pfanneninhalt aus Knoblauch und Zwiebel, die geschnittene Kresse, je eine Prise Salz und Pfeffer sowie 1/2 l siedendes Wasser zum Fisch geben, das Ganze aufkochen und bei mittlerer Hitze noch etwa 15 Minuten schmoren lassen. Das fertige Gericht mit *papas arrugadas* auftragen.

HUEVOS Y VERDURAS

Auch die Bewohner des Archipels der "Sieben Perlen" teilen die Vorliebe für tortillas*, die der Bevölkerung aller Regionen des Königreichs Spanien gemeinsam ist. Wir werden hier aber noch weitere Gerichte aus den exzellenten Gemüsen und Hülsenfrüchten der Kanaren kennen lernen. Zusammen mit Eiern zubereitet, dienten diese Gemüse den Inselbewohnern über Generationen zu den Zeiten als Nahrung, als Fleisch noch nicht jeden Tag verfügbar war. Vor allen Dingen wird es hier jedoch um eines der Wahrzeichen der Gastronomie des Archipels gehen, nämlich um jene* papas arrugadas *(Runzelkartoffeln), unter deren schrumpeliger Oberfläche sich ein erlesener Kern verbirgt. Sie verdanken ihr unvergleichliches Aroma ausschließlich der Erde, die sie hervorbringt, dem Salz des Meeres und dem Feuer, und sie vereinigen damit die gesamte Natur der Kanaren in sich, d.h. der vulkanischen, von den Wellen des azurblauen Ozeans umspülten Inseln, auf denen es keine Gelegenheit gibt, zu der sie nicht die passende Ergänzung darstellten.*

5

TORTILLAS CANARIAS

Gefüllte Omeletts nach kanarischer Art

8 Eier
3 reife Tomaten
1 Zwiebel
1 Knoblauchzehe
Basilikum und Petersilie
Salz
Olivenöl

Portionen: 4
Vorbereitungszeit: 20′
Kochzeit: 30′
Schwierigkeitsgrad: ●●
Geschmacksrichtung: ●●●
Kalorien (pro Portion): 408
Proteine (pro Portion): 23
Lipide (pro Portion): 30
Nährwert: ●●

1 Zuerst Kräuter und Gemüse waschen, putzen und/oder schälen. Die gewürfelte Zwiebel in einer Pfanne mit 3 EL Öl langsam anschwitzen, nach 5 Minuten den gehackten Knoblauch dazugeben und zusammen mit der Zwiebel glasig schwitzen.

2 Die klein geschnittenen Tomaten, eine Prise Salz und eine kleine Handvoll gehacktes Basilikum und Petersilie dazugeben und die Füllmasse bei schwacher Hitze etwa 10 Minuten durchziehen lassen.

3 Zwei mit einer Prise Salz verquirlte Eier in eine zweite, mit Öl ausgeschwenkte heiße Pfanne gießen. Sobald das Omelett gestockt ist, ein Viertel der Füllmasse auf eine Hälfte geben und die andere Hälfte zur Form eines Halbmondes darüberschlagen. Das Omelett fertig braten, aus der Pfanne heben und warm stellen. Den Vorgang mit den restlichen Eiern wiederholen und die gefüllten Omeletts heiß servieren.

Auftritt einer Folkloregruppe in einem Lokal von Pueblo Canario in Las Palmas

1

2

Dies ist nur eine der Omelettvarianten, die man auf dem Archipel kosten kann - sie zählt jedoch zu den beliebtesten. Es gibt auch Omeletts mit Gemüsepaprika, mit papas und batatas (s.S. 82), mit Brunnenkresse und grünen Bohnen, oder mit allen möglichen Käsesorten. Zu den salzigen gesellen sich die süßen Omeletts, z.B mit dem so besonders schmackhaften plátano canario zubereitet (es gilt hier als Beleidigung, die heimischen Bananen mit irgendwelchen anderen gleichzustellen), aber auch mit duftendem Zimt, oder mit gofio und papas und viel Zucker.

3

GARBANZOS COMPUESTOS

250 g getrocknete Kichererbsen
3 Eier
40 g geschälte Mandeln
30 g Rosinen
2 l ca. Gemüsebrühe (bereits fertig)
150 ml Milch (ca.)
Trockener Weißwein
Salz

Portionen: 4
Vorbereitungszeit: 15'+6h
Kochzeit: 1h30'
Schwierigkeitsgrad: ●●
Geschmacksrichtung: ●●
Kalorien (pro Portion): 566
Proteine (pro Portion): 30
Lipide (pro Portion): 24
Nährwert: ●●

Kichererbsen-Allerlei ▶

Die Kichererbsen 6 Stunden vorher einweichen. Abgießen, in einer zugedeckten Kasserolle (möglichst aus Terrakotta) mit der Gemüsebrühe und einer Prise Salz etwa 1 Stunde kochen. Inzwischen die Rosinen in einem Glas Wein einweichen. Die Eier mit kaltem Wasser aufsetzen und 7 Minuten nach Beginn des sprudelnden Kochens herausnehmen, schälen, erkalten lassen und in Scheiben schneiden. Die Mandeln in reichlich kochendem Wasser 5 Minuten brühen, abgießen, häuten und fein mahlen. Sie werden dann zusammen mit den ausgedrückten Rosinen, den Eischeiben und der Milch in einem kleinen Topf zum Kochen gebracht; sowie die ersten Kochblasen aufsteigen, den Herd abschalten. Die inzwischen gar gekochten Kichererbsen abgießen und in die Kasserolle zurückgeben. Die Mischung aus den anderen Zutaten unter die Kichererbsen rühren, das Ganze noch 5 Minuten bei schwacher Hitze ziehen lassen und gleich servieren.

EL ESCACHO

400 g *papas* (Kartoffeln, mittelgroß)
250 g *gofio de mezcla* (s.S. 15)
1 Frühlingszwiebel
4 frische grüne (mittelscharfe) Chilischoten
4 Knoblauchzehen
60 g gereifter *queso palmero* (s.S. 78), gerieben
Kreuzkümmel
Essig
Salz
Olivenöl

Portionen: 4
Vorbereitungszeit: 20'
Kochzeit: 15'
Schwierigkeitsgrad: ●
Geschmacksrichtung: ●●●
Kalorien (pro Portion): 448
Proteine (pro Portion): 13
Lipide (pro Portion): 15
Nährwert: ●

Kartoffeln mit *gofio* und Käse, als Beilage

Zwiebel und Chilischoten waschen und putzen. Die Kartoffeln schälen und 15 Minuten in kochendem, leicht gesalzenem Wasser brühen (5 Minuten vor Ende der Garzeit die in Scheibchen geschnittene Zwiebel dazugeben). In der Zwischenzeit die Chilischoten mit dem geschälten Knoblauch und einer Teelöffelspitze Kreuzkümmel im Mörser zerstoßen (oder im Mixer pürieren). Die erhaltene Paste in eine Schüssel umfüllen und mit 8 EL Öl, 2 EL Essig, dem Käse und einer Prise Salz verrühren. Diese Mischung gut mit den abgeschütteten, zerdrückten Kartoffeln und Zwiebelstücken vermengen (Kochwasser aufheben). Den *gofio* langsam in die so erhaltene Masse einarbeiten (zwischendurch immer wieder etwas von dem heißen Kochwassser dazugeben), bis ein relativ fester Teig entstanden ist. Dieser Teig wird zu einer Kugel geformt und kann als Beilage zu jeder Speise gereicht werden, angefangen von Suppen bis zu Fischgerichten. Wer ganz opulent sein will, kann in den Teig noch ein paar *chicherrones* hineinmischen, d.h. knusprige - in Schmalz goldgelb gebratene - Schweineschwarte (Alternative: Streifen von geräuchertem Bauchspeck).

JUDÍAS A LA VINAGRETA

Bohnensalat mit Ei

250 g getrocknete weiße Bohnen
2 Eier
1 Frühlingszwiebel
1 reife Tomate
2 frische grüne (mittelscharfe) Chilischoten
2 Knoblauchzehen
Lorbeer und Oregano
Petersilie (auch zum Garnieren)
Essig
Salz und Pfeffer
Olivenöl

Portionen: 4
Vorbereitungszeit: 20′+5h
Kochzeit: 1h
Schwierigkeitsgrad: ●
Geschmacksrichtung: ●●
Kalorien (pro Portion): 363
Proteine (pro Portion): 20
Lipide (pro Portion): 16
Nährwert: ●

Die Bohnen 5 Stunden vorher einweichen. Abgießen, in einer zugedeckten Kasserolle (möglichst aus Terrakotta) gut mit kaltem Wasser bedeckt und mit einer Prise Salz sowie einem Lorbeerblatt langsam zum Kochen bringen und dann etwa 1 Stunde köcheln. In der Zwischenzeit die Eier mit kaltem Wasser aufsetzen und 7 Minuten nach Beginn des sprudelnden Kochens herausnehmen, schälen, erkalten lassen und in Scheiben schneiden. Das restliche Gemüse waschen und putzen, Kerne aus Chilischoten und Tomate entfernen. Die gar gekochten Bohnen abgießen, in eine Salatschüssel füllen und mit der in Scheiben geschnittenen Frühlingszwiebel, den in Streifen geschnittenen Chilischoten, der gewürfelten Tomate und den Eischeiben vermischen. Den geschälten Knoblauch im Mörser zu einer Paste zerstoßen, mit etwas Oregano, einer Handvoll gehackter Petersilie und einer Prise Pfeffer vermengen und zusammen mit einer Essig-Öl-Vinaigrette in den Salat hineinmischen. Mit gehackter Petersilie bestreut servieren.

PAPAS ARRUGADAS

Runzelkartoffeln

Die *papas arrugadas* sind normalerweise neue oder jedenfalls relativ kleine Kartoffeln, in Meerwasser gekocht. In Ermangelung des letzteren verwendet man stark gesalzenes Leitungswasser (1 EL Salz pro Liter Wasser). Wenn die Kartoffeln gar sind ('al dente'), werden sie gut abgeschüttet und dann mit der Schale in einer feuerfesten Form 12 Minuten bei 220° C im Backofen gebraten. Durch die trockene Hitze entstehen die *arrugadas*, d.h. die charakteristischen Falten oder Runzeln der Schale. Sie werden sofort ganz heiß serviert, als köstliche Beilage zu typisch kanarischen Speisen, ideal aber auch zu Fleisch- und Fischgerichten anderen Ursprungs. Man verzehrt sie auch - wie es auf den Inseln üblich ist - einfach alleine; mit reichlich *mojo picón* (s.S. 12) benetzt sind sie ebenfalls ein echter Hochgenuß.

Wenn kein Backofen verfügbar ist, werden die gekochten papas abgeschüttet, in den Topf zurückgegeben und bei verminderter Hitze ständig gewendet, bis alle Flüssigkeit verdampft sowie überschüssiges Salz verschwunden ist und die Schalen die obligate runzelige Form angenommen haben. Falls größere Kartoffeln verwendet werden, verlängert sich die Garzeit entsprechend.

600 g *papas* (Kartoffeln, mittelgroß bis klein)
Meersalz

Portionen: 4
Vorbereitungszeit: 5'
Kochzeit: 30'
Schwierigkeitsgrad: •
Geschmacksrichtung: ••
Kalorien (pro Portion): 130
Proteine (pro Portion): 4
Lipide (pro Portion): 0
Nährwert: •

1

3

2

4

Tomates al estilo de Las Palmas

Gefüllte Tomaten à la Las Palmas

1 Die Hühner- oder Truthahnbrust erst parieren (d.h. Knöchlein, Knorpel, Sehnen und Fett entfernen). Dann in einer Pfanne mit 2 EL Öl beidseitig kurz anbraten. Aus der Pfanne nehmen, gut abtropfen lassen und zusammen mit dem Schinken im Mixer zerkleinern, bis eine einheitliche Masse entstanden ist.

2 Die Tomaten waschen, trocknen und den Stielansatz heraustrennen. In der Mitte quer durchschneiden und Kerne sowie Scheidewände entfernen. Die Füllmasse in die Tomatenhälften verteilen und ganz leicht so hineindrücken, dass jeweils ein kleiner Hügel entsteht.

3 In einem Schüsselchen die Semmelbrösel mit einer guten Handvoll gehackter Petersilie, einer Prise Pfeffer, einer kleinen Prise Salz und 1 EL Öl verrühren.
Den Backofen auf 200° C vorheizen.

4 Die Würzmasse so auf die gefüllten Tomatenhälften streichen, dass sie mit einer gleichmäßig dünnen Schicht abgedeckt sind. Die Tomaten nun nebeneinander in eine mit Öl ausgeschwenkte feuerfeste Form setzen und etwa 15 Minuten im Backofen braten. Aus dem Ofen nehmen, etwas abkühlen lassen und mit Petersilienspitzen garniert servieren. Sie schmecken auch kalt sehr gut.

4 reife Tomaten (zum Füllen geeignet)
150 g Hühner- oder Truthahnbrust
150 g magerer roher Schinken (am Stück)
Petersilie (auch zum Garnieren)
80 g Semmelbrösel
Salz und Pfeffer
Olivenöl

Portionen: 4-6
Vorbereitungszeit: 20'
Kochzeit: 20'
Schwierigkeitsgrad: ●●
Geschmacksrichtung: ●●
Kalorien (pro Portion): 495
Proteine (pro Portion): 18
Lipide (pro Portion): 34
Nährwert: ●●●

Dünenlandschaft von Maspalomas auf Gran Canaria

Der Käse

Die Kanaren - wo die Viehzucht bis heute eine bedeutende Erwerbsquelle darstellt - sind bekannt für ihre ausgezeichneten Milchprodukte, die vorwiegend nach traditionellen Verfahren hergestellt werden. Ganz besonders hervorragend sind die aus Rohmilch von Ziegen hochwertiger Inselrassen (wie z.B. der majorera und der palmera) erzeugten Käsesorten. Beiden Sorten, nämlich dem queso majorero *und dem* queso palmero, *sind sogar zwei europaweit gültige Qualitätsbezeichnungen (*denominación de origen*) zuerkannt worden; beide stammen aus antiker Tradition.*

Der queso majorero, *Stolz der Insel Fuerteventura, wird in den Gemeinden Antigua, Betancuria, La Oliva, Pájara, Puerto del Rosario und Tuineje hergestellt. Er ist ein Fettkäse der Ziegenrasse* majorera *aus halb gepresstem Bruch der vortrefflichen Rohmilch; falls der Käse zur Reifung bestimmt ist, werden maximal 15% kanarischer Schafsmilch beigefügt; für das Dicklegen verwendet man vorzugsweise tierisches Lab (aus getrockneten Ziegenlabmägen). Dem Vorgang des Käsebruchs, bei dem die dickgelegte Milch je nach vorgesehener Reifung feiner oder weniger fein zerschnitten wird, folgt das Formen und Salzen (vorwiegend mit trockenem Meersalz, aber auch in Salzlake) und schließlich die Reifung in gut belüfteten Räumen. Man unterscheidet den Käse nach Reifezeiten:* tierno *(8 bis 20 Tage gereifter junger Käse mit geschmeidigem Teig),* semicurado *(20 bis 60 Tage gereifter mittelalter Teig) und* curado *(über 60 Tage gereift). Die Käselaibe sind von flacher, zylindrischer Form mit maximal 35 cm Durchmesser; das Gewicht variiert zwischen 1 und 6 kg. Die Rinde des* tierno *ist lediglich eine helle, dünne Haut; bei älteren Sorten wird sie mit zunehmender Reife dunkler und dicker. Die Laibe tragen eine Prägung, die die ursprüngliche* pleita *imitiert, ein Geflecht aus Palmenblättern. Der Käseteig ist kompakt und weist gar keine oder nur winzige Löcher auf; die Konsistenz ist geschmeidig und der Geschmack mild-säuerlich mit pikanter Note. Doch nicht nur die Rinde, sondern auch der Teig verändert seine Farbe mit zunehmender Reifung von Weiß zu Gelbbraun, und der Geschmack wird kräftiger und leicht salzig, mit zartem Ziegenmilcharoma. Die Laibe können mit* pimentón *(s.S. 12), mit Olivenöl oder mit* gofio *(s.S. 15) bestrichen sein, was natürlich Aussehen und Geschmack verändert. Die traditionelle Viehzucht geht auf die Ureinwohner der Inseln zurück und hat besonders auf La Palma eine antike Tradition. Die Insel ist berühmt für ihr üppiges Weideland, das ganzjährig reichhaltiges Grünfutter liefert. Der vorzügliche* queso palmero *wird aus hochwertiger Rohmilch (d.h. nicht pasteurisierter Milch) der lokalen Ziegenrasse unter Verwendung von natürlichem Ziegenlab hergestellt. Ein Käselaib kann Gewichte bis zu 15 kg erreichen. Der milde Käse besteht aus gepresstem, trocken (mit Meersalz) gesalzenem Bruch und wird gerne frisch verzehrt, doch kann er auch zum* tierno, semicurado *und* curado *gereift werden. Großer Beliebtheit erfreut er sich in Form des* ahumado, *d.h. geräuchert über einem Feuer mit aromatischen Hölzern (z.B. Rinde und Nadeln der kanarischen Kiefer sowie Mandelschalen), was der hauchdünnen weißen Haut eine hellgraue Färbung verleiht. Dieser Käse kann ebenfalls mit Öl oder mit* gofio *bestrichen sein. Auf den Kanaren werden auch Käsesorten aus Schafs- und Kuhmilch oder einer Mischung der beiden erzeugt; es gibt sie roh oder pasteurisiert, in verschiedenen Reifungsgraden, häufig mit Öl oder Schmalz bestrichen oder geräuchert, wobei der Geschmack je nach Reifezeit oder Verarbeitung mehr oder minder kräftig und würzig ist. Jede Insel hat ihre eigenen Spezialitäten. Auf La Gomera gibt es z.B. den* queso gomero *aus gepresstem Bruch, vorwiegend aus gemischter Rohmilch von Ziege und Schaf. Er wird in Laiben von 1 bis 1,5 kg hergestellt; seine ockerfarbene, harte Rinde ist glatt und wirkt fettig, der gelbliche Teig ist kompakt und leicht krümelig. Normalerweise langzeitig gereift oder geräuchert, hat er einen würzigen, leicht pikanten Geschmack mit Aroma von verbranntem Holz. Wenngleich auf Gran Canaria Ziegenkäse überwiegen, gibt es doch auch andere Sorten. Eine Inselspezialität ist der* queso de flor; *er wird auf den Anhöhen zwischen Guía und Galdar meist aus gemischter pasteurisierter Milch (Kuh- und Schafs-, oder auch Ziegenmilch) mit pflanzlichem Lab aus dem Milchsaft von Blütenständen der Distel hergestellt - daher sein Name. Aus gepresstem Rohmilchbruch, in zylindrischen Laiben mit abgerundeten Seiten, gibt es ihn fett oder halbfett, mit Gewichten von 0,5 bis 2,5 kg. Die ursprünglich weiße, dünne Haut wird mit zunehmender Reifung zur gelblichen, glatten, wachsartigen Rinde, ebenso wie der anfänglich geschmeidige Teig fester und kompakter wird, mit charakteristisch herbem Nachgeschmack. Der* queso de media flor *wird mit gemischtem pflanzlichem und tierischem Lab hergestellt. Unter den Käsesorten von Gran Canaria sind die aus San Mateo besonders bekannt. Ähnlich wie auf den anderen Inseln gibt es sie fett oder halbfett, aus gepresstem Bruch von pasteurisierter Ziegen-, Schafs- oder Kuhmilch, als gesalzenen oder ungesalzenen Frischkäse; ebenso gibt es aus gemischter Milch hergestellten* tierno, semicurado *und* curado. *Die Käsesorten mit kurzer Reifung werden aus gemischter Milch hergestellt, die für die Alterung bestimmten dagegen aus reiner Ziegenmilch. Hinsichtlich der halbfetten und fetten Käsesorten (nach kanarischer Tradition alle aus gepresstem Rohmilchbruch hergestellt) stehen den bisher aufgezählten auch die anderen Inseln in nichts nach. Der meist geräucherte* queso herreño *von El Hierro ist aus roher oder pasteurisierter Kuh-, Schafs- und Ziegenmilch bereitet. Farbe und Geschmack variieren entsprechend der vorherrschenden Milchsorte, und der beim gereiften Typ leicht löcherige Teig schmeckt besonders intensiv. Den von Lanzarote stammenden weißen* queso lanzaroteño *verzehrt man meist frisch; er wird in Laiben von 1 bis 4 kg aus roher oder pasteurisierter Ziegenvollmilch hergestellt. Auch dieser Käse trägt auf der dünnen Rinde die Imitation eines Geflechts aus Palmenblättern. Der nur schwach gesalzene weiße, geschmeidige Käse hat einen feinen, leicht säuerlichen Geschmack mit zartem Aroma. Die Rinde der* semifrescos, semicurados *und* curados *wird mit zunehmender Reifung dicker und der Geschmack schärfer. Auf Teneriffa schließlich wiegen die leicht säuerlichen frischen Ziegenkäse vor. Doch sind auch hier die geräucherten Sorten und solche aus gemischter Milch ausgezeichnet.*

POSTRES

Als Abschluss des Rezepteteils kommen wir nun zu Gebäck und Desserts: Auch dieser Abschnitt bestätigt wieder den authentischen Geist, der die Gastronomie des Archipels beseelt. Aus reinem Platzmangel kann die Aufzählung nicht anders als unvollständig sein, doch soll der Vielfalt und Üppigkeit des traditionellen kanarischen Feingebäcks mit den beliebtesten und bekanntesten klassischen Spezialitäten der "Inseln des Glücks" die gebührende Ehre erwiesen werden.
Täglich wiederholt sich ein kleines Wunder. Mit Hilfe in diesem Fall der duftenden Magie von Anis und Zitrone, und unter Verzicht - ohne jedes Bedauern - auf Sahnehäubchen, Schokoladeraspeln und sonstige komplizierte Verzierungen - verwandeln sich die einfachsten und vertrautesten Zutaten wie Milch, Mehl und Käse, Obst und Honig, in reinste gastronomische Poesie.

6

BIEN-ME-SABE

Kokoscreme

3 ganze Eier plus 4 Eigelb
500 g Zucker
18 Trockenkekse
(Löffelbiskuits)
Zimt, gemahlen
1 Kokosnuss mit
der Kokosmilch

Portionen: 6
Vorbereitungszeit: 20′
Kochzeit: 20′
Schwierigkeitsgrad: ●
Kalorien (pro Portion): 913
Proteine (pro Portion): 19
Lipide (pro Portion): 42
Nährwert: ●●●

1 Die Kokosnuss muss geöffnet, die Milch entnommen und das Fruchtfleisch (das zum Garnieren dienen wird) von der Schale befreit worden sein. Nun den Zucker mit einem Glas Wasser in einem Topf bei niedriger Hitze verrühren, bis sich ein klarer Sirup ergeben hat. Den Topf vom Feuer nehmen, den Sirup lauwarm abkühlen lassen und die Kokosmilch unterrühren. Den Topf wieder aufsetzen und die Flüssigkeit bei schwacher Hitze zum Kochen bringen; sowie sie zu kochen beginnt, vom Feuer nehmen und erneut lauwarm abkühlen lassen.

1

2

2 Nun die Eier zusammen mit den Eigelben in einer Schüssel mit dem Schneebesen (oder im Mixer) schaumig schlagen.

3 Die Eimasse in einen kleinen Topf füllen und den lauwarmen Sirup vorsichtig unterrühren. Den Topf aufsetzen und die Creme langsam erwärmen. Sowie die ersten Kochblasen aufsteigen, den Topf sofort vom Feuer nehmen.

4 Die Kekse dicht neben-, jedoch nicht übereinander in eine Schüssel mit flachem Boden legen. Die Keksschicht gleichmäßig mit der Creme bedecken und dann großzügig mit Zimt bestreuen. Diese Süßspeise serviert man kalt, mit frischen Kokosstreifen verziert.

Ferienanlage auf Teneriffa

3
4

BUÑUELOS DE BATATAS

Süßkartoffel-Beignets ▶

- 4 *batatas* (Süßkartoffeln)
- 30 g Zucker
- Süß- oder Likörwein
- Trockener Weißwein
- 1 Zitrone
- 30 g Mehl (plus ein wenig zum Ausrollen)
- Milch
- Salz
- Frittieröl

Portionen: 4-6
Vorbereitungszeit: 25'
Kochzeit: 35'
Schwierigkeitsgrad: ●●
Kalorien (pro Portion): 533
Proteine (pro Portion): 6
Lipide (pro Portion): 27
Nährwert: ●●●

1 Die Süßkartoffeln in leicht gesalzenem Wasser 15 Minuten garen, abgießen, pellen und pürieren. Den Brei in eine Schüssel füllen und 1 Gläschen Süßwein, 1/2 Glas Weißwein, den Saft der Zitrone, das Mehl und den Zucker gut untermischen. Falls der Brei zu fest ist, kann man ihn mit etwas Milch geschmeidig machen.

2 Jeweils einen knappen Esslöffel des Breis mit den Händen zu dattelförmigen Nocken formen und auf die bemehlte Arbeitsfläche oder ein sauberes Tuch legen. Wenn der Brei aufgebraucht ist, die *buñuelos* portionsweise in siedendem Öl schwimmend goldgelb ausbacken, abtropfen lassen und heiß servieren (sie schmecken aber auch kalt sehr gut).

Die in Zentralamerika beheimatete* batata *(ipomoea batatas) oder Süßkartoffel gehört zur Familie der Windengewächse. Man verzehrt von ihr das Fruchtfleisch des kartoffelartig verdickten, elfenbeinfarbenen Wurzelstocks, das von delikatem (jedoch nicht süßlichem) Geschmack ist. Sie hat einen hohen Gehalt an Kohlehydraten, Vitaminen und Mineralstoffen, und ihre dünne Schale variiert in der Farbe von hellgelb bis dunkelbraun. Man nennt sie auch* camote *(nach ihrer Bezeichnung* camotl *in der antiken Sprache der Nahua) oder* boniato *(von* boniata *- dieser Name hat seinen Ursprung vielleicht auf den Antillen), besonders auf dem amerikanischen Kontinent, wo sie vor allem in Brasilien, Kuba und heute auch in Florida in großem Umfang angebaut wird.

BOLLOS DE LECHE

Milchteigkugeln

- 400 g Mehl (plus ein wenig zum Ausrollen und für das Backblech)
- 250 ml Milch
- 120 g Zucker
- 1 Ei
- Schale von 1/2 Zitrone, gerieben
- Anis (Samen) und Zimt (gemahlen)
- 20 g Bierhefe
- 25 g Schmalz
- 70 g Butter

Portionen: 6-8
Vorbereitungszeit: 30'+3h
Kochzeit: 35'
Schwierigkeitsgrad: ●●
Kalorien (pro Portion): 505
Proteine (pro Portion): 9
Lipide (pro Portion): 20
Nährwert: ●●●

Die Milch erhitzen, bis sie lauwarm ist. Das Mehl auf die Arbeitsfläche häufen, eine Mulde hineindrücken, die mit etwas Milch verrührte Bierhefe in die Vertiefung geben und vorsichtig einarbeiten. Den Teig unter tropfenweiser Zugabe der restlichen Milch weiter kneten und schließlich zu einer Kugel formen, in Folie einschlagen und an einem warmen Ort 1 Stunde ruhen lassen. Anschließend den Zucker, 50 g von der Butter, das Schmalz, die geriebene Zitronenschale, je eine Prise Zimt und Anis hineinkneten und den Teig zugedeckt eine weitere Stunde ruhen lassen. Nochmals durchkneten, damit der Teig wieder geschmeidig wird, dann kleine Kugeln daraus formen, die auf ein gefettetes und bemehltes Backblech gelegt werden. Mit einem Tuch zudecken und ein drittes und letztes Mal 1 Stunde lang aufgehen lassen. Schließlich die Teigkugeln im auf 180° C vorgeheizten Ofen 35 Minuten backen.

Die* bollos*, auch zum Tee oder als Zwischenmahlzeit hervorragend geeignet, sind eine Spezialität der Insel La Gomera. Die Milch ist Grundbestandteil vieler Süßspeisen der Kanaren. Neben den Cremespeisen sei die mit Trockenkeksen zubereitete, nach Zitrone und Zimt duftende* cuajada *angeführt, oder die* leche asada *(s.S. 86).

1
2

1

Der frangollo - nicht zu verwechseln mit gofio - ist grob geschroteter Mais (nicht selten finden sich darin sogar größere Maiskornstücke). Er kann durch normalen Polenta-Maisgrieß ersetzt werden. Zuweilen wird dem frangollo auch Weizen- oder anderes Getreidemehl beigemischt. Eine weitere Variante besteht darin, die Hälfte der vorgesehenen frangollo-Menge durch gebrühte, dann gehäutete und zusammen mit getrockneten Feigen gemahlene Mandeln zu ersetzen. Nach klassischer kanarischer Tradition kann er auch einfach nur mit Zucker bestreut aufgetragen werden.

2

FRANGOLLO

◀Süße Maisgrießschnitten

1 Einen guten halben Liter Wasser mit der Zitronenschale und den Zimtstücken in einer großen Kasserolle (möglichst aus Terrakotta) zum Kochen bringen, dann Zitronenschale und Zimtstücke entfernen und den *frangollo* unter ständigem Rühren mit einem Holzlöffel nach und nach einrieseln lassen. Bei mittlerer Hitze weiterkochen, ohne mit dem Rühren aufzuhören; wenn der *frangollo* zu fest zu werden droht, jeweils etwas warmes Wasser zugießen. Der *frangollo* sollte nach etwa 1/2 Stunde fertig sein; man erkennt dies daran, dass er sich einheitlich von der Topfwand zu lösen beginnt. Den fertigen Brei auf ein Schneidebrett stürzen und auskühlen lassen. Er wird in keilförmige Stücke geschnitten mit Palmenhonig und aromatischer Milch (s. Step 2) serviert.

2 Während der *frangollo* auskühlt, die Milch auf schwachem Feuer in einem kleinen Topf mit der in Stücke geschnittenen Zitronenschale und dem Zimt unter Rühren zum Kochen bringen und dann - weiterhin bei schwacher Flamme und unter ständigem Rühren - etwa 10 Minuten etwas einkochen lassen. Zitronenschalen und Zimt entfernen, den Zucker dazugeben und weitere 15 Minuten sanft köcheln lassen. Schließlich die Milch in ein Schüsselchen umfüllen, abkühlen lassen und zum *frangollo* reichen.

500 g *frangollo* (s. gegenüberliegende Seite)
Schale einer Zitrone
Zimtstange (2 Stückchen)
Palmenhonig (zum Servieren)

Für die aromatische Milch:
1/2 l Milch
20 g Zucker
Schale von 1/2 Zitrone
Zimtstange (1 Stückchen)

Portionen: 6
Vorbereitungszeit: 10′
Kochzeit: 1h
Schwierigkeitsgrad: ●●
Kalorien (pro Portion): 370
Proteine (pro Portion): 10
Lipide (pro Portion): 5
Nährwert: ●●●

GOFIO DE ALMENDRAS

Gofio-Pudding mit Mandeln

Die Mandeln in einer Pfanne oder auf dem Grill im Backofen kräftig anrösten, häuten und dann 100 g davon mahlen; den Rest zur weiteren Verwendung beiseite stellen. Die gemahlenen Mandeln wieder in die Pfanne geben und zusammen mit der geriebenen Zitronenschale unter Rühren weiter rösten, ohne sie jedoch zu bräunen. Nach 5 Minuten ein Glas Wein zugießen, zum Kochen bringen und auf kleiner Flamme 5 Minuten köcheln lassen. Anschließend nach und nach den *gofio*, das Schmalz, den Honig, eine Teelöffelspitze Anis und eine Prise Zimt hineinmischen und so lange rühren, bis die Masse vollkommen cremig geworden ist. Wenn das Gemisch fest zu werden beginnt, vom Feuer nehmen, in eine Schüssel umfüllen, mit den restlichen Mandeln garnieren und vor dem Auftragen auskühlen lassen. Diese Süßspeise kann auch in Scheiben geschnitten oder in Portionsförmchen serviert werden.

Mit den gleichen Zutaten werden auch die **rapaduras** ***zubereitet. Hierfür wird jedoch das Gemisch aus*** **gofio*****, Honig, Mandeln, Zucker, Anis, Zimt und Zitrone in kleine konische, gefettete Förmchen verteilt, die sich nach dem Erkalten leicht stürzen lassen.***

500 g *gofio de mezcla* (s.S. 15)
100 g Zuckerrohrhonig
150 g geschälte Mandeln
Trockener Weißwein
Schale von 1/2 Zitrone
Anis (Samen)
Zimt, gemahlen
40 g Schmalz

Portionen: 4-6
Vorbereitungszeit: 15′
Kochzeit: 30′
Schwierigkeitsgrad: ●●
Kalorien (pro Portion): 756
Proteine (pro Portion): 16
Lipide (pro Portion): 27
Nährwert: ●●●

1 l Milch
6 Eier
70 g Zucker
Zimt, gemahlen
Schale einer Zitrone
15 g Maizena (Maisstärke)
Palmenhonig
(zum Garnieren)

Portionen: 4
Vorbereitungszeit: 30′
Kochzeit: 30′
Schwierigkeitsgrad: ●●
Kalorien (pro Portion): 490
Proteine (pro Portion): 25
Lipide (pro Portion): 22
Nährwert: ●●●

Leche asada

Milchpudding aus dem Backofen ▶

Die Milch auf kleiner Flamme lauwarm werden lassen, vom Feuer nehmen, einen Becher davon herausnehmen und den Rest bis zur weiteren Verwendung beiseite stellen; die Maisstärke in der Milch im Becher auflösen. Die in eine Schüssel aufgeschlagenen Eier mit einem Löffel verrühren (sie sollen nicht schaumig werden). Den Zucker, die aufgelöste Maisstärke und die restliche Milch einrühren, dann die fein geriebene Zitronenschale und 1/2 TL Zimt untermischen. Das Ganze in eine Puddingform (ohne Mittelloch) füllen und 20 Minuten im auf 180° C vorgeheizten Ofen stocken lassen (mit einem Holzstäbchen die Garprobe machen: beim Herausziehen darf nichts am Stäbchen kleben bleiben). Den fertigen Pudding auf eine Platte stürzen und zusammen mit einem Schüsselchen Palmenhonig auftragen, mit dem jeder seinen Anteil noch nach Belieben 'versüßen' kann.

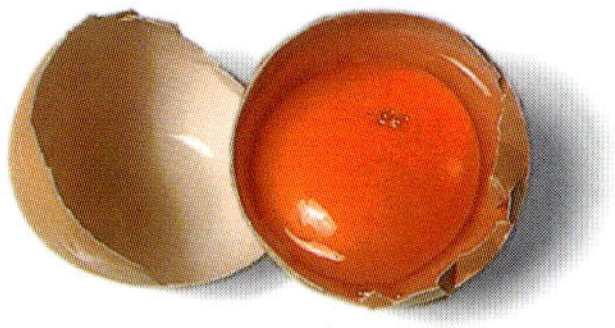

500 g Mehl (plus ein wenig für die Form)
4 Eier
150 g Zucker
Schale von 1/2 Zitrone
15 g Maizena (Maisstärke)
Anis (Samen)
60 g Butter

Portionen: 4-6
Vorbereitungszeit: 10′
Kochzeit: 1h
Schwierigkeitsgrad: ●●
Kalorien (pro Portion): 678
Proteine (pro Portion): 20
Lipide (pro Portion): 21
Nährwert: ●●●

Pan dulce de los Altos de Tejeda

Süßes Brot aus dem Hügelland von Tejeda

Den Backofen auf 180° C vorheizen. Die Eier in eine Kasserolle schlagen und zusammen mit dem Zucker und der fein geriebenen Zitronenschale mit dem Schneebesen bei ganz schwacher Hitze (evtl. auch im Wasserbad) cremig rühren. Dann unter ständigem Rühren nach und nach das mit der Maisstärke und einer Messerspitze Anis vermischte Mehl und schließlich 50 g Butter einarbeiten, bis die Creme vollkommen glatt ist. Die Mischung in eine rechteckige, mit Butter ausgefettete und mit Mehl bestäubte Form füllen und im Ofen 40 Minuten backen. Das fertige Brot auskühlen lassen und zusammen mit Honig oder Marmelade servieren; man kann es auch zum Frühstück in Milch dippen.

Falls kein Palmenhonig erhältlich ist, kann auch Zuckerrohrhonig (oder Melasse) verwendet werden. Zu den bekanntesten Varianten gehört diejenige aus dem Norden der Insel Teneriffa, wo man - bei gleicher Menge der anderen Zutaten - gebrühte, gehäutete und fein gemahlene Mandeln (150 g) hinzufügt. Man kocht die Milch mit 1 EL Butter, dem Stärkemehl, dem Zimt und der Zitronenschale auf, filtert sie dann und rührt die geschlagenen Eier und den Zucker hinein; schließlich werden die Mandeln untergemischt und der Pudding im Ofen gebacken.
In Guamasa werden dagegen statt der Mandeln 6-8 Trockenkekse verwendet und das Dessert wird zum Schluss mit geraspelter Kokosnuss garniert.

PESTIÑOS

◀Ölgebäck mit Anis

Die Anissamen im Mörser zu einer Paste zerstoßen, in die je 2 EL Milch, Olivenöl und Wein eingerührt werden. In einer Schüssel das Mehl mit dem Zucker und einer Prise Salz vermengen und dann die Anismischung einarbeiten; nach und nach auch Wasser in kleinen Mengen zugießen, bis ein einheitlicher und geschmeidiger Teig entstanden ist, den man dann 1/2 Stunde ruhen lässt. Anschließend den Teig zur Lockerung kurz durchkneten, danach mit dem Nudelholz auf einer bemehlten Arbeitsfläche gleichmäßig recht dünn ausrollen und schließlich mit dem Messer oder einer Ausstechform in Dreiecke von 4-5 cm Seitenlänge schneiden. Die Dreiecke werden in einer Pfanne mit siedendem Öl portionsweise schwimmend ausgebacken, dann mit dem Schaumlöffel herausgehoben, abgetropft und auf Küchenpapier entfettet. Sie werden kalt verzehrt.

350 g Mehl
(plus etwas zum Ausrollen)
20 g Anis (Samen)
15 g Zucker
Milch
Trockener Weißwein
Salz
Frittieröl
Olivenöl

Portionen: 4
Vorbereitungszeit: 30'+30'
Kochzeit: 20'
Schwierigkeitsgrad: ●●
Kalorien (pro Portion): 713
Proteine (pro Portion): 8
Lipide (pro Portion): 37
Nährwert: ●●●

TORTA DE BATATAS

Süßkartoffel-Kuchen

Die Äpfel und *batatas* schälen, in einem zugedeckten großen Topf nicht ganz mit Wasser bedeckt zum schwachen Kochen bringen und 20 Minuten köcheln lassen. Dann abgießen und sowohl die Äpfel als auch die *batatas* in nicht zu dünne runde Scheiben schneiden, die anschließend schichtweise in eine mit Butter (20 g) ausgefettete feuerfeste Form eingelegt werden, bis alles aufgebraucht ist. Jede Schicht wird mit einem Gemisch aus Zucker und etwas Zimt bestreut. Die restliche Butter zerlassen und über die letzte Schicht verteilen, Semmelbrösel darüber streuen und den Kuchen im auf 200° C vorgeheizten Ofen 20 Minuten backen. Der Kuchen wird warm und leicht mit Zimt bestäubt aufgetragen.

800 g *batatas*
(Süßkartoffeln)
3 Äpfel
120 g Zucker
30 g Semmelbrösel
Zimt, gemahlen
100 g Butter

Portionen: 6-8
Vorbereitungszeit: 20'
Kochzeit: 40'
Schwierigkeitsgrad: ●●
Kalorien (pro Portion): 369
Proteine (pro Portion): 4
Lipide (pro Portion): 15
Nährwert: ●●●

TORTITAS DE PLÁTANO

Bananenküchlein ▶

4 *plátanos canarios* (s.S. 92)
3 Eier
100 g Mehl
100 ml Milch
10 g Backpulver
Zimt, gemahlen
Schale von 1/2 Zitrone, gerieben
Rum
Salz
Honig (zum Garnieren)
Frittieröl

Portionen: 4
Vorbereitungszeit: 20'+30'
Kochzeit: 20'
Schwierigkeitsgrad: ●●
Kalorien (pro Portion): 799
Proteine (pro Portion): 11
Lipide (pro Portion): 31
Nährwert: ●●●

Die Bananen schälen und im Mixer pürieren (oder mit der Gabel zerdrücken). Das Mus in eine Schüssel umfüllen, mit dem Handrührgerät die Eier, die Milch, eine Prise Salz, 1/2 TL Zimt sowie die geriebene Zitronenschale gut unterrühren und schließlich das Backpulver, das Mehl und ein Gläschen Rum in die Mischung einarbeiten. Den Teig 1/2 Stunde ruhen lassen und anschließend löffelweise nach und nach in siedendem Öl schwimmend ausbacken. Die Küchlein mit dem Schaumlöffel jeweils herausheben, sobald sie goldgelb sind, auf Küchenpapier entfetten und mit etwas Honig beträufelt auftragen (zu festen Honig mit ein wenig lauwarmem Wasser verdünnen).

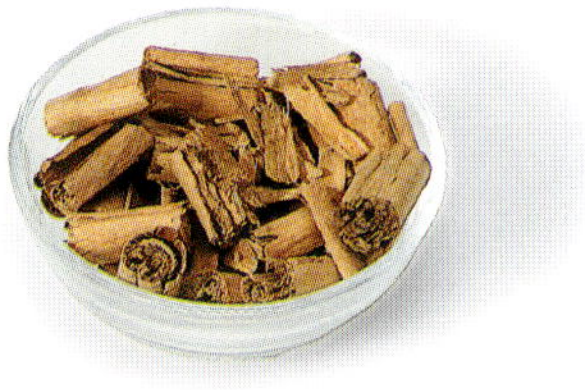

TRUCHAS DE QUESO

Käsetäschchen

500 g *queso tierno* (s.S. 78)
400 g Mehl (plus ein wenig zum Ausrollen)
1 Eiweiß
20 g Zucker
Anis (Samen)
Puderzucker (zum Garnieren)
Salz
40 g Schmalz
Frittieröl

Portionen: 4-6
Vorbereitungszeit: 30'+30'
Kochzeit: 20'
Schwierigkeitsgrad: ●●●
Kalorien (pro Portion): 1080
Proteine (pro Portion): 39
Lipide (pro Portion): 65
Nährwert: ●●●

Das Mehl auf die Arbeitsfläche häufen, eine Mulde hineindrücken und Eiweiß, Schmalz (oder weiche Butter), 1/2 TL im Mörser fein zerriebene Anissamen und eine Prise Salz in die Vertiefung geben. Die Zutaten vermengen und mit der Hand gut durchkneten, dabei warmes Wasser einarbeiten, bis ein geschmeidiger Teig entsteht, der dann 1/2 Stunde ruhen soll. Mittlerweile den weichen *queso* und den Zucker mit einer Gabel vermischen. Den Teig nochmals durchkneten, dann zu einer nicht zu dünnen Platte ausrollen, aus der (mit einer Form oder einer Tasse) Scheiben von ca. 12 cm Durchmesser ausgestochen werden (Restteile wieder einarbeiten). Schließlich auf jede Scheibe etwas Käsegemisch setzen und die Scheibe halbmondförmig zusammenschlagen; dabei die Ränder leicht anfeuchten und zum Verschließen mit den Zinken einer Gabel andrücken. Nun die *truchas* in siedendem Öl ausbacken, mit dem Schaumlöffel herausheben, auf Küchenpapier entfetten, auf einer Platte anordnen und - lauwarm abgekühlt - mit Puderzucker bestreuen.

Als Alternative zum queso tierno kann mittelfein geriebener und mit Zucker vermischter Schnittkäse verwendet werden; er darf jedoch nicht zu fest sein.

Schätze der Hesperiden - Geschenke des Bacchus

Schätze der Hesperiden

Mit ihrem herrlichen Klima und ihrer fruchtbaren Erde – nicht umsonst benennen antike Mythen sie als die Gärten der Hesperiden – sind die Kanaren ein echtes Pflanzenparadies. La Palma, Gran Canaria, Teneriffa und (in geringerem Umfang) La Gomera tun sich nicht genug damit, zahlreiche Gemüsearten hervorzubringen, unter denen die vielfältigen Sorten von papas (so nennt man hier die Kartoffeln), die batatas (Süßkartoffeln) und auch die hervorragenden Tomaten eine bedeutende Stelle einnehmen. Sie liefern zudem auch Getreide und Hülsenfrüchte für den unabdinglichen gofio (s.S. 15). In den Obstgärten reifen Zitrusfrüchte und Mandeln, in den Weinbergen sprießen goldene Reben (im Abschnitt über den Weinbau werden wir sehen, welche Bedeutung auch Lanzarote und das für seine Feigen berühmte El Hierro unter den Inseln haben). Die ganz außergewöhnlichen Klima- und Bodenbedingungen des Archipels begünstigen nicht nur das Wachstum typischer Pflanzenarten der gemäßigten Zone wie z.B. der Palme, des Zuckerrohrs (auf das wir noch zurückkommen werden) und sogar des Kaffees (teilweise sind die Erntezeiten sogar ganzjährig), sondern auch das exotischer Früchte: des zarten Avocado, der saftigen Ananas, der fruchtigen Guave, des frischen Mango und der duftenden Papaya. Auch Plantagen von Litchi, Karambole und weiteren Exoten sollen hinzukommen.

Allen Obstarten steht jedoch, quantitativ wie qualitativ, der köstliche plátano voran, Emblem der Inseln. Weit überragt sie mit ihrem exquisiten Geschmack die in Europa und Amerika allgemein verzehrten meist größeren, jedoch viel schaleren Sorten. Der plátano canario ist eine exklusive (vermutlich aus der musa cavendishii entstandene) Bananensorte mit hohen Anteilen an wichtigen Mineralstoffen (Eisen, Phosphor, Magnesium, Mangan, Kupfer und vor allem Kalium, das neben seinen anderen zahlreichen Wirkkräften auch die Sonneneinstrahlung zu absorbieren vermag). Als vollwertiges Nahrungsmittel ist der plátano auch verschwenderisch mit pflanzlichen Fasern ausgestattet, ebenso mit Vitaminen der Gruppen A, B, C und E. Wer einmal den plátano auf den Kanaren kosten durfte, wo man ihn zum direkten Verzehr reif erntet, dem wird der Unterschied gegenüber den bei uns üblichen Bananen, die nicht an der Staude ausreifen, sondern im Zielland in speziellen Klimaräumen nachgereift werden, deutlich auffallen. Exportiert wird auch der kanarische plátano in beträchtlichen Mengen, doch nicht über weite Entfernungen, und so bleibt er von akzeptabler Qualität, wie es die Verbraucher in Spanien und Portugal (die diese Sorte bevorzugen) bestätigen können. Das feste Fruchtfleisch des plátano eignet sich hervorragend für die warme Küche, wie es denen wohl bekannt ist, die ihn frittiert oder nach einem der vorliegenden Rezepte zubereitet schätzen. Er ist geschmacklich der verwandten Sorte plantain (Kochbanane) weit überlegen, einer großen Bananenart aus Südamerika, die im Geschmack der Kartoffel oder dem Kürbis ähnelt.

Abschließend soll erwähnt werden, dass der plátano – neben seinem köstlichen Geschmack und seinem Gesundheitswert – auch für die äußere Anwendung geeignet ist: Die reife Fruchtschale ist ein hervorragendes Mittel gegen Hühneraugen und Warzen, und im Fruchtfleisch enthaltene Wirkstoffe bieten einen sehr effektiven Schutz gegen schädliche Sonnenstrahlen. Letzteres gilt auch für eine weitere Pflanze, die hier dank des einzigartigen Klimas ihre Eigenschaften voll entfalten kann: nämlich die für ihre Heilkräfte bekannte Aloe.

Die kanarischen Weine

Auf dem Archipel werden hervorragende Weine erzeugt: weiße, rosé und rote Tafelweine sowie Dessert- und Likörweine, die in der Vergangenheit – wie schon Shakespeare, Goldoni und Byron bezeugten – ebenso geschätzt waren wie heute. Die Produktion ist nicht sehr umfangreich, doch von guter Qualität, die sich kontinuierlich verbessert. Es handelt sich um gehaltvolle Weine, reinsortig oder im gemischten Satz aus vorwiegend regionstypischen Rebensorten gekeltert, die auf sonnigen, vulkanischen Böden und (angesichts von Breitengrad und Klima) in oft erstaunlichen Höhenlagen (bis zu 1700 m!) reifen. Trotz der spärlichen, manchmal sogar äußerst geringen Niederschläge ermöglichen die vulkanischen Böden (und in besonderem Maße die picón genannte Schicht aus Asche und Lavabröckchen) mit ihren hygroskopischen Eigenschaften den Rebenanbau unter extremen Bedingungen, denn sie absorbieren nachts die von westlichen Passatwinden ("Horizontalwinde" genannt) mitgeführte Feuchtigkeit und halten sie für die langen Sonnentage bereit. Unter derartigen Bedingungen ist es nur natürlich, dass von Insel zu Insel spezifische, ganz eigenständige Techniken für den Rebenanbau und die -pflege erarbeitet werden mussten, die oft mit großen körperlichen Anstrengungen verbunden sind. Als Ausgleich bewirken die trockenen Luftströmungen, vor allem in höheren Lagen, dass Maßnahmen für Pflanzenschutz und Schädlingsbekämpfung praktisch entfallen können, was dem Wein natürlich zum Segen gereicht.

Die verbreitetsten Rebsorten sind die Listán bianca und Listán nera. Weitere sehr verbreitete weiße Sorten sind die Gual, Marmajuelo, Verdello, Vijariego, und unter den aromatischen Sorten die Malvasia und Moscatel; bei den roten Rebsorten wiegen Negramoll und Tintilla vor. Unter den kanarischen

Weinen, die einen recht hohen Alkoholgehalt erreichen können, stehen frische, angenehme Weißweine an erster Stelle, doch sind die Roséweine und die robusten, körperreichen jungen Rotweine, die sich häufig mit der Reifung noch verbessern, nicht außer Acht zu lassen. Es gibt auch ausgezeichnete Dessert- und Likörweine, zu denen sich seit kurzem Schaumweine gesellt haben. Die Weinlese erfolgt normalerweise von Ende August bis Ende Oktober. Weinbereitungs- und Ausbautechniken werden bei wachsender Rebfläche zunehmend modernisiert.

Die Weine sind nach acht Anbaugebieten mit DO-Status (Denominación de Origen - 'genau definierte Herkunftsgebiete') unterteilt. Fünf davon liegen auf der Insel Teneriffa (Abona, Tacoronte-Acentejo, Valle de Güímar, Valle de La Orotava und Ycoden-Daute-Isora), die drei anderen auf den Inseln El Hierro, Lanzarote und La Palma, deren Namen sie jeweils tragen.

Gerechterweise wollen wir mit Teneriffa beginnen, der Wiege des kanarischen Weins. Das für seine hervorragenden Weißweine bekannte Anbaugebiet Abone befindet sich im Süden der Insel. Die Weinberge liegen größtenteils auf porösen vulkanischen Böden in Höhen von 400 bis 800 m; bei Vilaflor gibt es aber auch Rebkulturen auf fruchtbaren Lehmböden in Höhen bis zu 1700 m. In solchen Lagen erfordert der Rebenanbau große Erfahrung und spezifische Maßnahmen. Neben leichten Weißweinen (mit mindestens 10,5 Vol.%) gibt es Roséweine (11 Vol.%) und Rotweine (11,5 Vol.%), außerdem Dessertweine von der Sorte dulce clásico aus der Malvasia- oder Moscateltraube sowie de licor (beide 15 Vol.%), aber auch Likörweine.

Das vielleicht bekannteste Anbaugebiet Teneriffas ist Tacoronte-Acentejo, berühmt für seine zur Reifung geeigneten Rotweine sowie für andere gehaltvolle Weine, deren sorgfältige Bereitung strengen, detaillierten Vorschriften unterliegt, die "gewaltsame" Verfahren ausschließen. Zu diesem Anbaugebiet am Nordhang der Cordillera Dorsal gehören die Gemeinden Tegueste, Tacoronte, El Sauzal, La Matanza de Acentejo, La Victoria de Acentejo, Santa Ursula, La Laguna, El Rosario und Santa Cruz de Tenerife. Die Gemeinden La Laguna, Santa Cruz de Tenerife und Tegueste bilden dabei im Bereich des Parque Rural de Anaga eine an einem bezaubernden, terrassierten Hang gelegene eigene Unterzone.

Hier steigen sattgrüne Weinberge vom Meer bis auf 1000 m an; die Hauptlage befindet sich dabei auf Höhen von 300 bis 750 m. Nach herkömmlicher Anbautechnik werden die in Zeilen mit einer Wegbreite von 6-8 m gepflanzten Rebstöcke zur maximalen Nutzung der Sonneneinstrahlung mit Kletterhilfen (horquetas) versehen, so dass die Reben den gesamten Weinberg bedecken; nach der Weinlese wird dann Platz frei für andere Kulturen, z.B. Kartoffeln.

Unter den jungen Rotweinen mit intensiv fruchtigem Aroma und prägnantem Geschmack ist der tinto tradicional (12-13,5 Vol.%) ein trockener, ausgewogener, leicht tanninhaltiger, wohlstrukturierter Wein von brillantem Kirschrot mit violetten Reflexen und mit rotfruchtiger Aromanote. Für den tinto maceración (12-12,5 Vol.%) werden die Trauben zusammengepresst unter Luftabschluss etwa eine Woche lang in einem hermetisch verschlossenen Gefäß gehalten und dann für die Maische nur sanft gequetscht.

Der ohne Pressdruck ablaufende Wein ist von lebhaft kirschroter Farbe mit deutlich violettem Schimmer, mit Geruchsnoten von Himbeere und schwarzer Johannisbeere; im Geschmack ist er körperreich und ausgewogen, mit elegantem, leicht tanninherbem Nachklang. Der körperreiche tinto barrica (12-13 Vol.%) wird in kleinen Eichenfässern (barriques von 225 l) 6 Monate lang 'ausgebaut' und ist mit angenehmen Holzaromen und fülligem, kräftigem, nachklingendem Geschmack ausgestattet. Weiter gibt es den mindestens 6 Monate im Fass und dann 18 Monate auf der Flasche ausgebauten tinto crianza und schließlich den 12 Monate im Fass und 24 Monate auf der Flasche ausgebauten tinto reservas. Diese Weine haben ein komplexes Aroma mit Anklängen an getrocknete und frische Früchte, an Holz, Tabak und Vanille, mit hervorragenden Geschmacksnoten. Unter den Roséweinen wollen wir den hauptsächlich aus der Listán nero gewonnenen, frischen rosado (12,5 Vol.%) von brillanter, rosavioletter Farbe erwähnen; er bleibt kurzzeitig auf der Maische stehen und wird dann abgepresst; die Gärung erfolgt bei 18° C. Sein Aroma ist intensiv fruchtig mit Anklängen an Ananas und Erdbeere, der Geschmack ist füllig, frisch und nachklingend, körperbetont und substanzreich.

Zu den in geringerer Quantität nicht abgepressten, sondern nur gemahlenen Weißweinen gehört der klare, wohlstrukturierte blanco seco (mindestens 10 Vol.% Alkoholgehalt, kann bis auf 11,5-12 Vol.% steigen), der bei niedriger Temperatur (17° C) vor der Gärung eine Zeit lang ruht, um das fruchtige Aroma zu lösen. Sein Duft variiert je nach Mischung der Traubensorten zwischen blumigen Noten und Anklängen an Anis; der Geschmack ist kraftvoll-füllig, prägnant und elegant. Es gibt auch bei 16° C vergorene, halbtrockene (semiseco, 12 Vol.%) Sorten mit feinem, blumigem, intensivem und nachklingendem Aroma und von delikatem Geschmack. Zudem gibt es den zwei Monate im Fass ausgebauten blanco barrica (12-12,5 Vol.%) von fein-fruchtigem Aroma mit Anklängen an Zitrusfrüchte und Holz. Im Geschmack ist er füllig, Eichenholznoten vermischen sich mit Aromen von fruchtigem Anklang; er hat eine hervorragende Struktur und ist perfekt ausgewogen. Als blanco tradicional (13 Vol.%; es können aber bis zu 16 Vol.% erreicht werden) sind ausschließlich in der Unterzone Anaga erzeugte und abgefüllte Weißweine klassifiziert, deren Farbe manchmal einen Roséton zeigt, weil sie traditionell aus weißen und roten Trauben gewonnen werden. Unter den Dessertweinen gibt es auch hier den reinsortig aus der durch hohe Sonneneinstrahlung oder in der Spätlese überreifen Malvasiatraube gewonnenen clásico, sowie die Sorte de licor (beide 15 Vol.%).

Wir kommen nun zum Anbaugebiet Valle de Güímar, so benannt nach dem im südöstlichen Teil Teneriffas gelegenen Grabenbruch. Dies Anbaugebiet, das ab 500 m in recht steile Hänge übergeht, umfasst die Gemeinden Arafo, Candelaria und Güímar, deren Weinberge meist 600 bis 800 m hoch liegen; manche Kulturen ziehen sich sogar bis zur bemerkenswerten Höhe von 1600 m hinauf! Hier werden vor allem trockene und süffige Weißweine erzeugt, die Feinheit und Eleganz besitzen und jung getrunken werden (mit einem Alkoholgehalt von mindestens 10, normalerweise jedoch 11-12 Vol.%). Sie werden aus Listántrauben mit kleinen Anteilen von Gual, Moscatel und Vi-

jariego gewonnen, unter Gärung bei niedriger Temperatur und mit nur leichter Abpressung. Der im Eichenfässchen ausgebaute blanco barrica ist ein komplexer, frischer Wein mit fruchtigem, ausgewogenem Aroma und Anklängen an Holz. Der violett-rosafarbene Roséwein rosado (10,5 Vol.%) besteht vorwiegend aus Listán nero; er bleibt vor der Gärung (die bei 16° C erfolgt) kurzzeitig auf der Maische stehen und wird dann abgepresst. Sein intensives Aroma hat Anklänge an Waldbeeren, der Geschmack ist von fülliger Frische.

Zu den Rotweinen (11,5-13 Vol.%) dieses Gebiets zählen einmal solche, die (wie der Beaujolais und der italienische Novello) durch Kohlensäuremaischung gewonnen werden, mit intensiv fruchtigem Aroma und Anklängen an Himbeere und schwarze Johannisbeere; sie weisen violette Farbtöne auf und sind von fülligem Geschmack. Als Zweites sei der kirschrote tinto joven hervorgehoben, der vor der Abpressung nur kurz auf der Maische gärt; sein Geschmack ist von nachklingendem Aroma. Als dritte Sorte sei der körperreiche tinto barrica erwähnt, der relativ lange auf der Maische gärt und im Eichenfässchen 6 Monate ausgebaut wird; er hat einen fülligen, komplexen Geschmack. Diese Reihe soll zum einen mit dem reinsortig aus überreifen Malvasia- oder Moscateltrauben gewonnenen Dessertwein dulce clásico abgeschlossen werden; er ist mit einem exzellenten, facettenreichen Bouquet ausgestattet und besitzt einen strukturierten, nachklingenden Geschmack. Zum anderen gibt es auch hier die Sorte de licor (beide mit 15 Vol.%). Ein relativ neues Produkt ist der Schaumwein (11 Vol.%) aus der Listán bianca, nach traditionellem Verfahren mit Zweitgärung auf der Flasche erzeugt. Der delikate, strohfarbene Wein mit leicht grünlichem Schimmer hat eine lebhafte, feine Perlage und ein facettenreiches Aroma mit Hefeanklang.

Im nördlichen Teil der Cordillera Dorsal auf Teneriffa liegt das bezaubernde Tal Valle de la Orotava mit seinen sattgrünen Feldern und Weinbergen. Es ist für die nach ihm benannten delikaten Weine bekannt, unter denen würzige, zarte, elegante Weißweine sowie leichte, angenehme Rotweine hervorstechen. Das Anbaugebiet in sanfter Hanglage umfasst die Gemeinden La Orotava, Los Realejos und Puerto de la Cruz. Die Weinberge liegen in Höhen zwischen 400 und 800 m auf medianías mit rotem, lockerem, fruchtbarem Boden vulkanischen Ursprungs; die Rebenpflege erfolgt häufig nach komplexen Methoden wie dem in La Perdoma üblichen Cordon-System mit verflochtenen Reben. Die Produktion umfasst Weißweine (11 Vol.%), Roséweine (11 Vol.%) und Rotweine (11,5 Vol.%), die zur Reifung geeignet sind.

Dazu gesellen sich die sortenrein aus überreifen Malvasia- oder Moscateltrauben gekelterten Dessertweine dulce clásico und de licor (beide 15 Vol.%), sowie ein nach traditionellem Verfahren bereiteter Schaumwein.

Der Überblick über Weine aus Teneriffa soll mit dem Anbaugebiet Ycoden-Daute-Isora abgeschlossen werden, das sich in Weinbau und Weinerzeugung besonders der Qualität verschrieben hat. Historische Kernzone ist das im Nordwesten der Insel gelegene und durch vom Ozean aufsteigende thermische Luftströmungen begünstigte Gebiet um Icod de los Vinos. Seine Berühmtheit geht auf das 16. und 17. Jh. zurück, als die Kanaren obligatorische Anlegestelle zwischen Alter und Neuer Welt waren und der bekannte "Canary Wine", der im Hafen von Garachico zugeladen wurde, bedeutendste Einnahmequelle der Inseln war. Die Bezeichnung stammt aus der Zeit, als die Kanaren noch von der Urbevölkerung (den Guanchen) bewohnt waren und die menceyatos - die Gebiete Ycoden und Daute - unter der Herrschaft der Prinzessin Isora eine Blütezeit erlebten. Das Anbaugebiet umfasst die Gemeinden San Juan de la Rambla, La Guancha, Icod de los Vinos, Garachico, Los Silos, Buenavista del Norte, El Tanque, Santiago del Teide und Guía de Isora. Die nach dem Spaliersystem 'erzogenen' Reben wachsen vorwiegend in Höhen zwischen 200 und 800 m (doch gibt es auch Weinberge auf 50 m und 1400 m Höhe); wegen der Steilhanglage, die eine Mechanisierung der Arbeiten im Weinberg erschwert, sind sie auf schmalen Terrassen angelegt.

In diesem ungleichförmigen Anbaugebiet wiegen Böden alten vulkanischen Ursprungs mit Vulkanasche und Bröckelgestein vor; sie sind leicht, fruchtbar und wasserdurchlässig. Niederschläge sind hier häufiger als auf anderen Inseln, Trockenzeiten werden durch Passatwinde aufgelockert. Hier entstehen trockene, strohfarbene Weißweine (mit mindestens 11 Vol.%; doch können die lieblichen barrica und blanco crianza auch 14 Vol.% erreichen). Dazu gesellen sich kraftvolle, frische, ausgewogene und würzige, erdbeerfarbene Roséweine (11,5 Vol.%; doch erreicht der barrica 14 Vol.%). Weiterhin gibt es duftende, rubinfarbene Rotweine (12-14 Vol.%) mit in der Jugend violetten Reflexen und fruchtiger Note, die aufgrund ihrer guten Struktur mit hervorragenden Ergebnissen lagerfähig sind. Die Palette der Rotweine umfasst auch wie Primeur- oder Novello-Weine nach der Methode der Kohlensäuremaischung vergorene Sorten sowie die in Eichenfässchen (Barriques) lange ausgebauten tinto tradicional und crianza. Dessertweine aus überreifer Malvasia- oder Moscateltraube (15-22 Vol.%) gibt es hier ebenfalls, jedoch nicht in sehr umfangreichen Mengen.

Unter den übrigen Inseln verdankt El Hierro, auf der es keine Quellen und Wasserläufe gibt, das Gedeihen seiner an Steilhängen in Höhen von 200 bis 700 m terrassenförmig angelegten Weinberge den bereits erwähnten hygroskopischen Eigenschaften des picón (vulkanische Schicht aus Asche und Gesteinsbröckchen). Weiße Rebsorten herrschen vor (Listán bianca und Vijariego - hier Verigadiego oder Diego genannt - wie auch die als 'Bremajuelo' bezeichnete Bermejuela, die Gual, Malvasia und Verdello). Unter den roten Rebsorten gibt es vor allem die (Negramuelle genannte) Listán nera, die Mulata (Negramoll) und die Bastardo nero (Baboso). Die körperreichen Weißweine (11 Vol.%) sind kraftvoll mit viel Eigencharakter, die Roséweine (11,5 Vol.%) frisch und fruchtig, die Rotweine (12 Vol.%) kräftig und samtig. Dessertweine der Sorte dulce clásico aus aromatischen Trauben haben nie weniger als 14 Vol.%, die Sorte de licor zwischen 15 und 22 Vol.%.

Auch auf Lanzarote, der östlichsten Insel des Archipels, wiegen die Weißweine vor, jedoch nicht mit großem Abstand. Das Anbaugebiet umfasst praktisch die gesamte, von zahlreichen Vulkankegeln durchzogene Insel und schließt die Gemeinden Tinajo, Yaiza, San Bartolomé, Haría und Teguise ein. Das extrem trockene, aber milde Klima wird durch heiße Winde vom nahen afrikanischen Kontinent ungünstig beeinflusst und bedingt recht mühsame Anbaumethoden. Zum Pflanzen der Rebstöcke müssen in die 20 cm bis 2 m dicke vulkanische Bodenschicht der Insel mit der Hand große Löcher von umgekehrter Konusform gegraben werden, in denen die Pflanze ihre Wurzeln verankern kann. Zudem müssen - ebenfalls in Handarbeit - halbkreisförmige, etwa 70 cm hohe Trockenmauern aus vulkanischem Gestein aufgeschichtet werden, um die jungen Triebe vor den glühenden Saharawinden zu schützen. Zur Produktpalette zählen trockene Weißweine (10,5 Vol.%) mit Geschmacksnoten von Südfrüchten und Exoten, wie auch süffige Sorten, z.B. der süße, bernsteinfarbene Moscatel und der blasse Diego (12,5-14 Vol.%), lokale Bezeichnung des Vijariego. Neben den Roséweinen (11-14 Vol.%) werden blumige und würzige Rotweine vinifiziert (11 Vol.%). Die Produktion von Dessertwein dulce clásico ist dank des guten Gedeihens der Malvasiarebe umfangreich; das gleiche gilt für den de licor (beide 15 Vol.%). Es wird auch die Herstellung von espumoso erwogen, nach traditionellem Verfahren bereitetem Schaumwein aus Malvasia- oder Moscateltrauben mit einem Mindestanteil von 85%, unter eventueller Zumischung einer zugelassenen weißen Traube (15-22 Vol.%).

Von der Malvasia zu sprechen beschwört das von der Caldera de Taburiente beherrschte La Palma herauf, Wiege der aus dem Orient stammenden Rebe mit griechischem Namen. Die Weinberge mit der von den Portugiesen eingeführten, außergewöhnlich langlebigen Rebe sind auf abschüssigen, fruchtbaren, sehr mineralstoffreichen Böden in Lagen zwischen 200 und 1200 m angelegt. Das den größten Teil der Insel umspannende Anbaugebiet gliedert sich in drei Unterzonen:

Fuencaliente-Las Manchas, Heimat der Malvasiarebe; die Zone liegt im Südwesten der Insel mit jüngerer vulkanischer Aktivität. Die auf groben Geröllböden (picón) angelegten Weinberge reichen bis in die unmittelbare Nähe der erstarrten Lavaströme.

Hoyo del Mazo-Las Breñas, im Osten der Insel; auf den steinigen Böden wachsen vorwiegend rote Reben.

Zona Norte-Vinos de Tea, auf dem nördlichen Inselbogen gelegen; hier wachsen in winzigen, baumgeschützten Weinbergen eigenständige geharzte Weine, die in Fässern aus Kiefernholz von Tea (pinus canariensis) 6 Monate ausgebaut werden. Die Produktionspalette umfasst delikate, meist sortenreine Weißweine (11-14,5 Vol.%), die aromatisch, angenehm, frisch und leicht sind; des Weiteren gibt es aus der roten Negramoll vinifizierte, geschmeidige Roséweine (11-13 Vol.%) und schließlich Rotweine (11-13 Vol.%), auch diese meist sortenrein gekeltert und von schönem Rubinrot. Die Tea-Weine (11-13 Vol.%) aus Negramoll- und Albillotrauben und von zart kirschroter Farbe mit leichtem Tonschimmer haben ein fruchtiges und gleichzeitig etwas grasiges Aroma mit deutlich harzigem Untergrund. Die höchste Qualität unter den Inselerzeugnissen wird jedoch zweifellos mit den berühmten, würzigen Dessertweinen erzielt. Sie variieren in der Farbe von goldgelb bis bernstein und werden aus Reben wie der Sabro, Gual und Verdello bereitet (15-22 Vol.%). Allen voran aber stehen die Dessertweine clásico (15-22 Vol.%) und seco (14-16 Vol.%) aus überreifen Trauben der sublimen Malvasia, die vor der verheerenden Reblauskatastrophe auf dem ganzen Archipel vorherrschte.

Zuckerrohr und Rum

Klima und Fruchtbarkeit der Böden des Archipels begünstigen das Wachstum von Zuckerrohr - vor allem in Meeresspiegelhöhe. So wird (neben hervorragenden Likören nach antiker Rezeptur und aus den verschiedensten, ursprünglich für die natürliche Gärung hergestellten Essenzen - darunter Honig, Palme und Früchte) aus ihnen ein vorzüglicher Rum destilliert, der bekanntermaßen aus der Melasse entsteht, einem Restbestand nach der Kristallisierung des Zuckers. Der kanarische Rum unterscheidet sich sowohl von den hellen, leichten Sorten der Spanischen Antillen (Dominikanische Republik, Kuba und Puerto Rico sowie Jungfern-Inseln) als auch von den dunklen, kräftigen Sorten aus Jamaika, Barbados und Demerara in Guyana. Niemand kennt mit Sicherheit den Ursprung der Bezeichnung Rum. Manche halten sie für eine Entstellung des Akronyms RVM (für Rectificando Veram Medicinam - 'Destillation erzeugt das wahre Heilmittel'), mit dem gegen 1480 ein Erfurter Benediktinermönch eines seiner kostbaren Elixire bezeichnete und das sich durch falsche Aussprache in RUM verwandelt haben soll, aus dem schließlich das kastilische Wort RON wurde. Nach anderer Ansicht soll der Rum im Dialekt von Devonshire die Bezeichnung rumbullion ('großer Tumult') getragen haben. Im Englischen gibt es zudem den Begriff rumbustious ('lärmend, überschwänglich'), abgekürzt RUM; doch findet sich für keine dieser Auslegungen eine Bestätigung. Mit Sicherheit trug das vorzügliche Zuckerrohrgetränk bereits 1667 allgemein den Namen Rum, oder ron.

Auf den Kanaren geht der systematische Anbau des aus dem Orient stammenden und von den Portugiesen im Abendland verbreiteteten Zuckerrohrs auf die Einreihung des Archipels unter die Kronkolonien Kastiliens zwischen dem 15. und 16. Jh. zurück. Die Zuckerherstellung erwies sich für die Inseln als außerordentlich lohnend. Von hier aus gelangte das Zuckerrohr nach Santo Domingo und fand in der Neuen Welt seine Wahlheimat, die die Kanaren bald in den Schatten stellen sollte. Tatsächlich führte die vom Sklaveneinsatz begünstigte Konkurrenz aus Amerika schließlich zum Niedergang der kanarischen Plantagen. So begann man auf dem Archipel, Melasse zu destillieren, und der Likör fand sehr bald Anerkennung.

Im späten 17. Jh. vervielfältigten sich auf den Kanaren (ganz besonders in den Klöstern) die Brennereien zur Herstellung unterschiedlichster Liköre. Doch auch in diesem Fall ließ die Konkurrenz aus Amerika (besonders New England) nicht auf sich warten. So verlegte man sich auf mit Schildlausextrakt gefärbten Alkermes-Likör, der Mitte des 18. Jh. (bis zur Entdeckung des Anilins in Deutschland) zu einer bedeutenden Einnahmequelle wurde. Erneut entstanden zahlreiche Zuckerrohrplantagen. Im Jahr 1884 wurde in der auf Gran Canaria erblühten Stadt Arucas eine moderne Destillieranlage zur Erzeugung von Zucker und Rum bester Qualität eingeweiht, die sehr bald weltweites Ansehen erlangte. Das Verfahren besteht darin, etwa ein Jahr nach der im Februar erfolgenden Anpflanzung dem reifen Zuckerrohr den guarapo genannten Saft zu entziehen, der dann unter Zusatz von Substanzen (die jeder Hersteller streng geheim hält) zur Gärung gebracht und anschließend (üblicherweise zweimal) destilliert wird. Das Destillat reift schließlich 1 bis 14 Jahre in Eichenfässern, die ihm seine dunkle Farbe geben; danach wird es durch Zugabe von Karamell gesüßt und schließlich auf Flaschen abgezogen. In der historischen Destillerie von Arucas (heute ist sie auf den Inseln eine unter vielen) ist ein Museum eingerichtet worden, in dem neben den handwerklichen Erzeugnissen des Umkreises alle örtlichen Destillate vertreten sind. Darüber hinaus führt das Museum eine großartige Sammlung von Rumsorten aus der ganzen Welt mit der Möglichkeit, einzelne Sorten nach Wunsch zu degustieren.